देश, दिल और दर्पण

संपादक

राही राज़

शाहाना परवीन 'शान'

PRACHI
DIGITAL PUBLICATION

Title : Desh, Dil aur Darpan

Author : Raahi Raaz, Shahana Parveen 'shaan'

Edition : First (August, 2025)

ISBN : 9789348332981

Published by

PRACHI
DIGITAL PUBLICATION

Regd. Add.: 254, Khuriyakhatta No. 10, Bindukhatta,
Lalkuan, Nainital - 262402, Uttarakhand, India
Website : www.prachidigital.com
E-mail : info@prachidigital.in
Phone : +91 976041 7980, +91 976041 8103

Printed by :
Manipal Technologies Limited, Bengaluru - 560001, Karnataka

समर्पण

स्वर्गीय श्री लम्बोदर मिश्र

स्वर्गीय श्री यूसुफ अली

देश, दिल और दर्पण पुस्तक हम दोनों अपने अपने पिताजी स्वर्गीय श्री लम्बोदर मिश्र जी और शाहाना परवीन 'शान' के पिता श्री स्वर्गीय श्री यूसुफ अली जी को समर्पित कर रहे हैं। उनकी देश भक्ति, ज़िंदादिली और साहित्य प्रेम की वजह से यह पुस्तक तैयार हुई है।

देश दिल और दर्पण पुस्तक बनने का श्रेय उन दोनों महापुरूषों को ही जाता है जिन्होंने हमें जन्म दिया, परवरिश की और तालीम दी और हम दोनों को योग्य बनाया।

पिता हैं तो सारा जहान है और हम लोगों की बहुत सारी यादें उन्हीं की वजह से संकलित हुई हैं।

शाहाना परवीन 'शान', राही राज़
मुज़फ्फरनगर उत्तर प्रदेश, बंगलूरू
03/01/2025, 03/01/2025

ज़िंदगी का सार है देश, दिल और दर्पण

शायद आप लोग भी मेरी बातों से सहमत होंगे कि जिंदगी का सार है, आवाज है, सुर और ताल है देश, दिल और दर्पण और इसीलिए हमने और शाहाना परवीन शान जी ने निर्णय लिया कि इस पुस्तक का कुछ ऐसा नाम रखें कि पाठक सोचने के लिए मजबूर हो जाएँ, विवश हो जाएँ और हमने इसके कवर से लेकर कविता तक का चुनाव इसी आधार पर किया है जो आपलोगों को अच्छी लगे। हमें पूरी उम्मीद है कि ये पुस्तक आपलोगों की कसौटी पर खड़ी उतरेगी और हमें आप लोगों का भरपूर समर्थन और आशीर्वाद मिलेगा।

हम दोनों ने मिलकर ये साझा संकलन क्यों निकाला है, चाहता तो 60 रचनाओं का संकलन अलग अलग निकाल लेते मगर हमने ये नहीं किया है। हमने कोशिश की है कि मजहब हमारा एक है हमने यह दिखाने की कोशिश की है कि स्त्री पुरुष कुछ नहीं होता है हमने यह दिखाने की कोशिश की है कि इरादे नेक हैं तो हम एक हैं। ये जो हमारा देश है सर्वोच्च है, इसमें दिल भी है और एक दर्पण भी है और प्रेम भी है। हालांकि इस तरह का पहली बार हमने प्रयोग किया है कि एक ही विषय पर अलग अलग कविता निकाली है, इस पुस्तक को हमने चार भाग में विभक्त किया है। सबसे पहले हमारा देश आता है तो देश को चुना है, फिर रिश्ता आता है तो हमने रिश्ते पर लिखा है, फिर दिल की बातें आती है तो हम दोनों ने प्रेम पर लिखा है और फिर दर्पण आता है तो हमदोनों ने मोटिवेशनल कविता को लिया है जो दर्पण का प्रतीक है। यह पुस्तक हमलोगों ने अपने अपने पिता स्वर्गीय श्री लम्बोदर मिश्रा और स्वर्गीय श्री यूसुफ अली जी को समर्पित किए हैं दोनों ही अपने जमाने के उम्दा कवि थे एक लब्धप्रतिष्ठित साहित्यकार थे। उनकी याद में हम दोनों ने कुछ कविता का भी जिक्र किया है, उनका खून हमारे रगों में दौड़ता है इसीलिए तो हमदोनों की कोशिश है कि उनका बानगी समाज के सामने पेश करूँ। यह भी एक संयोग ही है कि हमदोनों 17- 17 पुस्तकें प्रकाशित हो चुकी हैं, और कुछ के तो टाइटल भी एक जैसे हैं। हम दोनों कैसे मिले और कैसे हमदोनों ने इस पुस्तक को साझा संकलन किया ये भी कम आश्चर्यजनक नहीं है और इसका जिक्र शाहाना परवीन शान खुद ही अपने शब्दों में देंगी।

राही राज़,

बेंगलुरु

28/11/2024

मन की भावनाएँ

शब्दों की बहती धारा जब कुछ कहती है
दिल के दर्पण में जब झांकना लाज़मी है,
महसूस होता है कहीं से वक्त का इशारा और
उन इशारों को कलम शब्दों में पिरोती है।

नमस्कार दोस्तों मैं शाहाना परवीन 'शान' मुज़फ्फरनगर उत्तर प्रदेश की रहने वाली हूँ और यह समझ लीजिए कि कुछ पुण्य ऐसे किए होंगे जिनकी वजह से मैं आदरणीय श्री राही राज़ जी और आदरणीया श्रीमती प्रीति राही जी से मिली।

सच कहूँ तो कहाँ वे महान साहित्यकार और कहाँ मैं एक छोटी सी लेखिका, जो अभी अपने लिए मार्ग तलाश कर रही हूँ, खोज रही हूँ और कुछ आगे बढ़ने के लिए प्रयासरत हूँ। ऐसे में जब कोई मार्ग दर्शक मिल जाता है तो जीवन सरल लगने जैसा प्रतीत होता है यही मेरे साथ भी हुआ। कभी सपने में भी नहीं सोचा था कि राही राज़ जी के साथ साझा संग्रह में शामिल हो पाऊंगी? और कोई पुस्तक कभी उनके साथ मेरी निकलेगी?

राही राज़ जी के सहयोग से मैंने "देश, दिल और दर्पण" संग्रह में अपनी रचनाएं लिखी हैं और मुझे आप सबका आशीर्वाद चाहिए कि इतने महान साहित्यकार के साथ मैंने आगे बढ़ने की जो हिम्मत दिखाई है उसमें मैं सफल हो पाऊँ। ये मेरा छोटा सा प्रयास है, तमन्ना है। कुछ बात ऐसी है राही राज़ जी की लेखनी में जो मुझे उनकी ओर जाने के लिए दस्तक देती है, उनके साथ पुस्तक निकलने के लिए मजबूर करती है।

राही राज़ जी ने सही कहा है .... जिंदगी का सार है देश, दिल और दर्पण, मैं भी उनकी इस बात से पूर्ण रूप से सहमत हूँ और समर्थन करती हूँ। वास्तव में हमारे जीवन में हमारा पहला प्रेम हमारा देश प्रेम है जब तक देश प्रेम नहीं होगा तब तलक इंसान समाजिक नहीं होगा इसीलिए देश प्रेम ज़रूरी है जिसके लिए आदरणीय राही राज़ जी ने तवज्जो दी है और देनी भी चाहिए। फिर आते हैं हमारे रिश्ते, जो हमें एक दूसरे से बांधकर रखते हैं, और इसके बाद हमारे बीच सकारात्मक विचार आते हैं। जिनके सहारे हम इस जीवन में एक उद्देश्य के साथ जीते हैं। इस संग्रह में राही राज़ जी ने और मैंने एक साथ ऐसी ही रचनाओं को सृजित किया है जो हमारे देश, हमारे घर-परिवार, रिश्ते व प्रेम के साथ- साथ हमारी सकारात्मक सोच को भी उजागर करती हैं।

इसके अतिरिक्त अब मैं आपको बताती हूँ कि राही राज़ जी से मेरी मुलाकात कैसे हुई ? ये

एक अनहोनी है और, बेहद दिलचस्प कहानी है जो किसी फिल्म से कम नहीं है।

बात है 12 दिसंबर 2023 की ... हर वर्ष की तरह इस दिन भी आदरणीया सविता चड्ढा जी द्वारा शिल्पी चड्ढा स्मृति सम्मान कार्यक्रम आयोजित किया गया। यह कार्यक्रम दिल्ली में आयोजित किया गया था। यह मेरा सौभाग्य था कि मेरी किताब "कुछ पन्ने पिता के नाम" का चयन हुआ और मुझे दिल्ली कार्यक्रम में शामिल होने के लिए बुलाया गया। मैं वहाँ गई और यहीं से मेरी सोच बदलने लगी, मैं अभी तक बाहर की दुनियाँ से रु ब रू नहीं हुई थी। यह मेरे जीवन में एक ऐसा मोड़ था जिसके बारे में मैंने कभी सोचा ही नहीं था। एक ऐसा ख़्वाब जो कभी सच होगा दूर-दूर तक मन में कहीं नहीं था।

एक ऐसा क्षण जिसने मुझे
मेरे पिताजी से मिलवाया,
मेरे सपनों को दी एक उड़ान
मुझे नया सवेरा दिखालाया।

जी हां दोस्तों! यह केवल एक किताब नहीं है बल्कि किताब के रूप में मेरे साथ मेरे पिताजी हैं। सम्मान समारोह के उस कार्यक्रम में राही राज़ जी भी आए हुए थे। एक अनजान चेहरा था मेरे लिए, कोई न जान, न पहचान, कभी न देखा, न सुना, न ही कभी सोचा...

उस कार्यक्रम में मैने उनकी एक रचना सुनी थी जो "पत्थर" शीर्षक पर आधारित थी। मुझे रचना तो बहुत अच्छी लगी ही साथ ही साथ राही राज़ जी का सुनाने का अंदाज़ बहुत पसंद आया। पर मैं एक छोटी लेखिका हूँ तो उनसे मिलने का व बात करने का साहस न जुटा सकी और कार्यक्रम समाप्त होने से पूर्व ही कार्यक्रम स्थल से बाहर आ गई। बाहर आकर मैंने देखा कि एक बड़ी सी मेज़ पर आदरणीया सविता चड्ढा जी और राही राज़ जी की बहुत सी किताबें रखी हुई थीं। मैंने सबको छुआ और एक दो किताबों को हाथ में लेकर खोलकर पढ़ा। मैं प्रभावित हुए बिना न रह सकी और मैंने एक दो किताबें खरीदी, अपने साथ घर लेकर आई, मगर मैंने अपने मन में एक विचार बनाया कि राही राज़ जी से एक दिन बात अवश्य करूंगी।

मैं लिखती तो थी वर्षों से, मगर दिखती नहीं थीं, इस दरम्यान मैंने बहुत सी पुस्तकें लिखी, मगर जिस मंज़िल की तलाश मुझे बरसों से थी वो नहीं मिल पाई थी। मुझे एक ऐसे गुरु की ज़रूरत थी जो मुझसे स्पष्ट रुप से मेरे मुँह पर मेरे समक्ष कहें कि 'शाहाना तुम्हारी कविता और कहानियों में कुछ खामियाँ है उन्हें ठीक करो और मुझे आदरणीय राही राज़ जी को देखकर ऐसा ही लगा कि ये वही गुरु हैं जिनकी मुझे तलाश थी क्योंकि ये मुझे बहुत ही तहज़ीब के साथ मेरी

खामियों को दिखा सकते हैं, और मेरा मार्गदर्शन भी कर सकते हैं।

इतने बड़े साहित्यकार और मैं एक अभी सीखने वाली लेखिका, कहाँ उनकी बराबरी कर सकती थी? पर मन नहीं माना और मैंने अपने मन को काफी नियंत्रित करने का प्रयास किया। मेरे मन ने कहा कि ' अब तो राही राज़ जी से बात करनी है तो करनी है, चाहे कुछ भी हो जाए? मैंने फेसबुक पर राही राज़ जी को ढूंढा, उनकी काफी पोस्ट लाइक की, फिर उनको फ्रैंड रिक्वेस्ट भेजी पर उनकी तरफ से कई महीनों तक मुझे कोई उत्तर नहीं मिला। मैं निराश नहीं हुई उनको मैसेज भेजती रही पर उनका कोई जवाब अभी तक नहीं आया था। एक दिन अचानक उनका नमस्कार लिखा हुआ मैसेज मिला। मुझे बहुत प्रसन्नता हुई। इतनी प्रसन्नता कि यहाँ लिख पाना संभव नहीं होगा। उनका फोन आया,, वास्तव में मेरी खुशी का कोई ठिकाना नहीं था उस दिन जब इतने महान साहित्यकार से मेरी बात हुई और उनके मार्गदर्शन से आज मैं उनके साथ साझा संग्रह में शामिल हो पाई हूँ।

कुछ बातें ऐसी होती है
जो एक खुशी दे जाती हैं,
अचानक आकर जीवन में
शामिल वे हो जाती हैं।
लगता अब तक देखा सपना था
पूरा होने की ख़बर आ जाती है।।

राही राज़ जी ने और मैंने साझा संग्रह के बारे में काफी विचार विमर्श किया। बहुत सोचा कि किस प्रकार इस संग्रह की शुरुआत की जाए ? पहले सोचा पचास रचनाएं राही राज़ जी लिखेंगे और पचास मैं। फिर विचार बदला और हम दोनों ही ने यह निर्णय किया कि रचनाओं को चार भागों में बांट दिया जाएगा।

मोटिवेशनल 15, रिश्ता 15, देशभक्ति 15 और प्रेम पर आधारित 15 रचना देंगे। कुल 60 कविताएं होंगी।

यह संग्रह अपने आपको स्वयं प्रस्तुत करेगा और इसे पढ़ने के बाद मन मस्तिष्क को जहाँ शांति मिलेगी वहीं सकारात्मक रचनाओं से जीवन के प्रति उदासीनता दूर होगी। राही राज़ जी का मैं हृदय से आभार व धन्यवाद व्यक्त करती हूँ जिन्होंने मुझ पर विश्वास दिखाते हुए मुझे अपने इस संग्रह में शामिल किया। आप सबका आशीर्वाद चाहती हूँ कि यह संग्रह देश व समाज में अपनी पहचान बनाने में सफल हो व सबको पसंद आए।

कुछ बातें अचानक जीवन में घटित हो जाती हैं,
कुछ कहे बिना ही चुपचाप आगे बढ़ जाती हैं।
न पता चला, हमारी कश्ती निकल पड़ी थी गंतव्य की ओर,
ख़्वाबों को पूरा करने, एक लंबे सफ़र की ओर।
कभी सोचा न था कि किसी मार्गदर्शक के साथ किताब लिखेंगे,
पढ़ेंगे उस किताब को और उनसे जीवन भर कुछ सीखेंगे।
वक़्त से पहले कुछ भी नहीं होता, यह हम जानते थे,
कहते भले ही कुछ न थे, पर मानते और स्वीकारते थे।
जिन्हें मिलना होता है, वे किसी न किसी रूप में मिल ही जाते हैं,
ज्ञान बाँटने वाले शिक्षक, अपना अमूल्य धन दे ही जाते हैं।
यह केवल किताब नहीं, बल्कि एक सपना है,
बरसों की कल्पना का अब साकार होना है।
आभार और धन्यवाद आप सबका करती है 'शान',
राही राज़ और प्रीति राही जी को शाहाना का प्रणाम।

धन्यवाद
शाहाना परवीन 'शान' ..
मुज़फ्फरनगर उत्तर प्रदेश

देश, दिल और दर्पण पुस्तक देश की शान है

देश, दिल और दर्पण नामक इस पुस्तक को दो उम्दा रचनाकारों ने अपनी लेखनी से बहुत अच्छे तरीके से सजाया है। राही राज जी की प्रतिभा से तो मैं पहले से ही वाकिफ रहा हूँ लेकिन इस बार शाहाना परवीन 'शान' जी को भी पढ़ने का मौका मिला। दोनों ने मिलकर देश को दिल से लिखते हुए समाज का दर्पण बना दिया है। दोनों की उम्दा रचनाएँ देश को समर्पित होती हुई दिल की बातें कहने के साथ-साथ आखिर में समाज का आईना बन कर अनेकानेक मुद्दों को हमारे सामने रखते हुए, चिंतन करते हुए आखिर में मोटिवेशन के जरिए हमारे मन में जीवन को जीने का एक नया उत्साह जगा जाते हैं।

अंत में मैं इतना ही कहूँगा कि राही राज़ और शाहाना परवीन 'शान' की रचनाओं को देखकर देश दिल है और उस दिल में दर्पण है जो हमारे जीवन में प्रकाश डालता है।

मेरी तरफ से राही राज और शाहाना परवीन जी को इस सार्थक प्रयास के लिए अग्रिम शुभकामनाएँ व बधाई।

सूरज शुक्ला
13/01/2025
प्रोफेशनल प्रूफरीडर/एडिटर/टाइपिस्ट
सम्पर्क – 8920217513 (सिर्फ व्हाट्सअप)

अनुक्रमणिका

देशभक्ति

तिरंगे का सम्मान

हर देशभक्त में तिरंगे का अरमान होना चाहिए,
वतन पर मर मिटने का एक ख़्वाब होना चाहिए।

हम रहें इस जहां में चाहे किसी भी जगह,
अपने वतन के लिए एहसास होना चाहिए।

हवा चूमे इस धरती को किसी भी कोने से,
हर सांस में हिन्दुस्तान की महक होनी चाहिए।

अपनी मेहनत से जब हम कामयाब हो जाएं,
अपने दिलों में वतन के लिए गर्व होना चाहिए।

सोना, चांदी, हीरा, मोती किसी की चाह न हो,
कुर्बान वतन के लिए हमेशा तैयार रहना चाहिए।

यह मिट्टी, यही हमें हमारी पहचान दिलाती है,
इस मिट्टी पर हमें गुमान बेशुमार होना चाहिए।

कभी ना झुकने देंगे अपने देश के तिरंगे को,
हर दिल में तिरंगे की शान आलीशान होनी चाहिए।।

✍ शाहाना परवीन 'शान'..

हमारा देश हिंदुस्तान

मातृभूमि कहती गाथाएं वीरों के बलिदान की,
वीरों के शौर्य की और हमारे इतिहास की।

दिलों में धड़कती फिर एक पुकार वतन की,
यही तो है हिम्मत सभी देशवासियों की।

कण कण में बसती है आज़ादी की रवानी,
शहीदों की वीरता को याद करती कहानी।

अनेकता में एकता से सजी देश की माटी,
वीरों के बलिदान की कहती हैं ये कहानी।

मंदिर और शिवाले जहाँ मिलकर साथ खड़े हैं,
आज़ादी के परवाने सीमाओं पर फिर डटे हैं।

भारत की छवि निराली और निराली इसकी शान है,
वीर सपूतों ने दिलाई आज़ादी हमारा देश हिंदुस्तान है।

✍ शाहाना परवीन 'शान'..

वंदेमातरम्

भारत देश की पावन मिट्टी को
करते हम नमन हैं,
वंदेमातरम् स्वर गूंजा
भारत हमारा वतन है।
हर भारतीय को ज्ञान
अपने फ़र्ज़ का होना चाहिए
अपने देश की मिट्टी से प्यार
मरते दम तक होना चाहिए।
वंदेमातरम् की गूंज से जब
गूंजती है धरती
आकाश पाताल एक हो जाता है
खिलखिलाकर हंसता भारत
वंदेमातरम् की गूंज से सब
देशभक्ति में लिप्त हो जाता है।

✍ शाहाना परवीन 'शान'..

कोटि-कोटि प्रणाम

जिस मिट्टी से जन्म लिया
ऋण नहीं चुका सकते उसका।
जिस मिट्टी से हमें आधार मिला,
ख़्वाब नहीं भुला सकते उसका।

अनमोल धरती मेरे देश की
अनमोल ही इसकी शान है।
इसके लिए न्योछावर यह शरीर
और यह हमारी जान है।।

मन मयूर नाचने लगता
जब धरती और आकाश
मिल जाते हैं।
फैलाते अपनी आभा
मस्त सब प्राणी फिर हो जाते हैं।

मातृभूमि से मिलता स्नेह
कर्तव्य हमारा उसे स्नेह लौटाएं
देश-प्रेम की जोत जलाकर
इस धरती और आकाश को सजाएं।।

इस धरती को नमन
यहां की संस्कृति को प्रणाम
जिसने सजाया सुंदर बगीचा
उस मातृभूमि को कोटि-कोटि प्रणाम।।

✍ शाहाना परवीन 'शान'..

भारत देश महान

मिट्टी को करके प्रणाम,
हम सब करते अपने काम।
तभी हमें मिलती सफलता और
हमारे होते पूरे अरमान।।

हिंदुस्तान की कसम
हमें आगे बढ़ना है।
विकास करके देश का
विकसित भारत को करना है।

हमारा भारत देश महान
इसका इतिहास बहुत विशाल।
जहाँ हर बच्चा जानता अपना फर्ज़,
दिलो में यहाँ गूँजता
'वंदेमातरम्' का स्वर।

✍ शाहाना परवीन 'शान'..

मतदान और जागरूक नागरिक

लोकतंत्र में मतदान का, महत्वपूर्ण स्थान होता है,
जन–जन की सहभागिता से लोकतंत्र मज़बूत होता है।
मतदान से चुनते हम नेता, सांसद और विधायक,
जिम्मेदार प्रतिनिधियों से ही आगे बढ़ता राष्ट्र निरंतर।
हर नागरिक महत्व इसका समझना चाहिए,
अपना वोट देकर सही प्रतिनिधि चुनना चाहिए।
वोट करना केवल अधिकार नहीं, बड़ी ज़िम्मेदारी है,
यही कर्तव्य निभाने से लोकतंत्र मज़बूत होता है।
लोकतंत्र जब मज़बूत होगा, तब भारत का उत्थान होगा,
सोच–समझकर किया गया हर वोट, भविष्य का निर्माण होगा।
हमें मिला यह अधिकार अनमोल है, इसे सँजोना चाहिए,
जाति–धर्म से ऊपर उठकर सही नेता को चुनना चाहिए।
जो सुने हमारी बात और करे जनता की चिंता,
ऐसे नेता से ही होगा भारत का गौरवमय भविष्य सच्चा।
आओ मिलकर मतदान की ओर कदम बढ़ाएँ,
देश के प्रति अपनी जिम्मेदारियाँ निभाएँ।
ज्ञान और विवेक से निर्णय करना चाहिए,
देश–प्रेम और समर्पण को जीवन में उतारना चाहिए।

✍ शाहाना परवीन'शान'

भारत नया बनायेंगे

महात्मा गाँधी ने प्रण किया था,
भारत को स्वच्छ बनाना है।
हम सबको मिलकर देश से,
अस्वच्छता को दूर भगाना है।

स्वच्छ भारत होगा विश्व में,
स्वस्थ शरीर और मन होगा।
नया विश्वास जगायेगें,
हम नया भारत बनायेगें।

देश की जनता शिक्षित होगी,
अशिक्षा नहीं होगी कहीं भी।
ज्ञान का प्रकाश फैलायेगें,
हम नया भारत बनायेगें।

पुरानी मानसिकता को बदलकर,
नये विचारों को अपनाना होगा।
नये उधोग चलाकर देश में,
आत्मनिर्भर भारत बनाना होगा।

✍ शाहाना परवीन 'शान'..

एक साथी

दिलों की धड़कनों में एक साथी वतन होना चाहिए,
प्यार जन्म भूमि से बेशुमार होना चाहिए।

आशिक तो बना लो चाहे जितने तुम
आशिकी अपने वतन से बेशुमार होनी चाहिए।

दिलों की धड़कनों में एक साथी वतन होना चाहिए।

जिसे कर सको प्यार शानदार तुम,
जिसके लिए मर सको और जी सको तुम।

इस आशिक से बेशुमार होना चाहिए।
ऐसा आशिक ज़िंदगी में एक होना चाहिए।

दिलों की धड़कनों में एक साथी वतन होना चाहिए।

✍ शाहाना परवीन 'शान'..

देश की शान

देश भक्तो के बलिदान से,
हमने जो स्वतंत्रता पाई है।
नहीं भूल सकते उन वीरों को,
जिन्होनें अपनी जान गवाई है।

मैं हूँ कौन ?
क्या है मेरा नाम?
मैं हूँ एक हिन्दुस्तानी,
मेरा वतन मेरी शान।

हिंदू, मुस्लिम, सिख, ईसाई,
अनमोल रत्न मेरे देश के।
विविध संस्कृतियों से सजा देश,
अनेक वीर सपूत मेरे देश के।

स्वतंत्र देश पर लहरा रहा तिरंगा,
आओ नमन करें हम तिंरगे को।
मिटाए द्वेष और ईष्या की भावना,
शिक्षा से प्रजवल्लित करें देश को।

मेरा वतन मेरी शान,
मेरे देश का नाम हिन्दुस्तान।।

✍ शाहाना परवीन 'शान'..

इश्क वतन से

इश्क करते हम वतन से
चरणों में अर्पित करते अपना शीश।

आए जब भी कोई सकंट देश पर,
प्राण न्योछावर कर दें वतन हमारा मीत।

वतन हमारा सखा हमारा मित्र है
जीवन में मिलती इससे गति है।

जीवन को मिलता उद्देश्य
वतन से हमारी प्रीति है।

अपने इश्क का इज़हार करेंगे
वतन से मरते दम तक प्यार करेंगे।

जब तक रहेंगे इस धरती पर
वंदेमातरम् की पुकार करेंगे।

✍ शाहाना परवीन 'शान'..

तू ही शान

तू ही जान
तू ईमान
तू ही मेरी शान है।
वतन तुझपे ये सारा जीवन
मेरा निसार है।।

तू हिम्मत
तू ताकत
तू ही मेरा जहान है।
वतन तुझपे ये सारा जीवन
मेरा निसार है।।

तू भूख
तू प्यास
तू ही अन्नदाता मेरा
वतन तुझपे ये सारा जीवन
मेरा निसार है।।

तू दिल
तू धड़कन
तू ही साज़ मेरा,
वतन तुझपे ये सारा जीवन
मेरा निसार है।।

तू संगीत
तू प्रीत
तू ही मेहबूब मेरा,
वतन तुझपे ये सारा जीवन
मेरा निसार है।।

तू धूप
तू छांव
तू ही हर मौसम मेरा
वतन तुझपे ये सारा जीवन
मेरा निसार है।।

✍ शाहाना परवीन 'शान'..

तिरंगे से लिपटकर

तिरंगे से लिपटकर
इस शरीर को
छोड़ना चाहती हूँ।

अपने देश की आन और
शान के लिए
देश के लिए शहीद
होना चाहती हूँ।।

इतना नहीं आसान
यह हसीन चाहत रखना,
किस्मत वालों ही को
नसीब होता
ऐसा खूबसूरत मौक़ा।

उस मौक़े को मैं भी
हासिल करना चाहती हूँ।
देश के लिए जीना और
मरना चाहती हूँ।।

✍ शाहाना परवीन 'शान'..

झुकने नहीं देते

सच्चे सपूत तिरंगे को
झुकने नहीं देते,
जान गंवा देते पर
तिरंगे को लुटने नहीं देते।

चूमते तिंरगे को
बार-बार, कई बार,,,
बहादुर, वीर इसे कभी
मिटने नहीं देते।

देश की खातिर
जान अपनी गंवा देते हैं।
तिरंगे के सम्मान में
सिर भी अपना कटा देते हैं।

शूरवीर, योद्धा इसे कभी
मिटने नहीं देते।
सच्चे सपूत तिरंगे को
झुकने नहीं देते।।

चाहे आएं आंधियाँ कितनी
डरकर रुक जाते नहीं।
घबराकर ठहर जाते नहीं,
हिम्मत हार कर बैठे जाते नहीं,
बहादुर, योद्धा इसे कभी
मिटने नहीं देते।
सच्चे सपूत तिरंगे को
झुकने नहीं देते।।

✍ शाहाना परवीन 'शान'..

सारे हिन्दुस्तान में

जोश इतना कि दिल करता है
उड़ जाऊं मैं आकाश में।
तिरंगे को फहराऊं मैं फिर
सारे हिन्दुस्तान में।

कोई भी जगह न रह जाए शेष
तिरंगे को पहुंचाऊं मैं
हर दिल और सांस में।
जोश इतना कि दिल करता है
उड़ जाऊं मैं आकाश में।।

तिरंगे को लेके उड़ूं मैं सरहद की ओर
ध्यान कराऊं सबका इतिहास की ओर।
वीर शहीदों ने देश की आजादी के लिए
जो अपने प्राण गंवाए थे
परवाह नहीं की थी अपने सुख की
अपने परिवार गंवाए थे।

याद करा दूं आज सबको
उन वीरों की महान गाथाएं
उनके संघर्षों को और किस्से वीरता के।
जोश इतना कि दिल करता है
उड़ जाऊं मैं आकाश में।

तिरंगे को फहराऊं मैं फिर
सारे हिन्दुस्तान में।।

✍ शाहाना परवीन 'शान'..

देश की शान

अनेकता में एकता
शान मेरे देश की।
संस्कृति अनूठी
पहचान मेरे देश की।

तीन रंगो से सुसज्जित तिरंगा
आन मेरे देश की।।
ये सरज़मीं, ये आसमां,
ये धरती मेरे देश की।

ये दुख, ये सुख
ये ज़िंदगी मेरे देश की।
ये फूल, ये बाग
ये नदियां मेरे देश की।

ये इतिहास, ये भूगोल
ये विरासत मेरे देश की।
ये गीत, ये संगीत
ये तबला, ये शहनाई
ये लय मेरे देश की।।
ये सब मेरे देश की।।

✍ शाहाना परवीन 'शान'..

प्रेम

दो दिल

मिले जब दो दिल, अनजान थे पर एक हो गए।
हुए जब एक दूजे के, अजनबी होकर भी एक हो गए।
करते नहीं परवाह ज़माने की, मानते एक दूसरे की बात,
दो दिल, देखो रहते आज एक दूजे के साथ।
मंज़िल दोनों की अब एक, नहीं डर इन्हें किसी का,
पकड़ कर हाथ, चलते हैं दो दिल फिर साथ - साथ।
मिले जब दो दिल, अनजान थे पर एक हो गए।
हुए जब एक दूजे के, अजनबी होकर भी एक हो गए।

नहीं रह सकते ये दो दिल अब तो जुदा-जुदा,
करते बातें चुपके से, निराली इनकी हर अदा।
कदम से कदम मिलाकर चलते दोनों साथ - साथ,
एक दूसरे से करते बात, थकती नहीं अब ज़ुबा।
मिले जब दो दिल, अनजान थे पर एक हो गए।
हुए जब एक दूजे के, अजनबी होकर भी एक हो गए।

कुछ कहे कुछ अनकहे से प्रेम में डूबे अलफाज़,
कुछ सिमटी थी बातें कुछ अनछुए अहसास।
दिल में रहते हैं हर वक्त प्यार के गीत समाए,
करते एक दूसरे से इशारों ही इशारों में बात।
मिले जब दो दिल, अनजान थे पर एक हो गए।
हुए जब एक दूजे के, अजनबी होकर भी एक हो गए।।

नहीं ज़रूरत इन्हें अब, झूठी शान–ओ– शौकत की,
डर नहीं समाज का और आरज़ू नहीं दुनिया की।
सिर्फ मोहब्बत बसी है दिलों में दोनों के अब तो,
इनकी मंज़िल छोटी सी, चाहत एक दूसरे की।
मिले जब दो दिल, अनजान थे पर एक हो गए।
हुए जब एक दूजे के, अजनबी होकर भी एक हो गए।।

✍ शाहाना परवीन 'शान'..

मोहब्बत ज़िंदा रहती है

युगो–युगों से मोहब्बत आज भी दुनिया में है ख़ास,
मोहब्बत के जुनून से बंधी आशिकों में आज भी एक आस।
युग बदल जाए, इतिहास बदल जाए पर,
बदल नहीं सकती कहानी कभी मोहब्बत की।

रीत बदल जाए, संसार बदल जाए पर,
बदल नहीं सकती कहानी कभी प्रीत की।
युगो–युगों से मोहब्बत आज भी दुनिया में है ख़ास,
मोहब्बत के जुनून से बंधी आशिकों में आज भी एक आस।

परिवर्तन नियम संसार का सब बदलता एक दिन,
मोहब्बत नहीं बदल सकती युगों के इतिहास की।
सुनाता है युग कहानियाँ राजा, महाराजाओं की,
सब बदलता है पर नहीं बदलती कहानी श्री फराद की।

युगो–युगों से मोहब्बत आज भी दुनिया में है ख़ास
मोहब्बत के जुनून से बंधी आशिकों में आज भी एक आस।
मोहब्बत वो अहसास, चाहकर भी कभी मिट नहीं सकता,
सामने आ जाता जो चेहरा, नज़र से हट नहीं सकता।

लगातार बढ़ती है मोहब्बत, नहीं बदलती कहानी लैला–मजनूं की।
इश्क लगातार बढ़ता रहता खत्म नहीं होती भावनाएं कभी मन की।
युगो–युगों से मोहब्बत आज भी दुनिया में है ख़ास
मोहब्बत के जुनून से बंधी आशिकों में आज भी एक आस।

✍ शाहाना परवीन 'शान'..

फर्ज़ में इश्क

फर्ज हम अपना निभाते चले गए,
फ़र्ज़ में इश्क को सजाते चले गए।

हमने न की थी कभी शिकायत कोई उनसे,
वो मोहब्बत का मज़ाक उड़ाते चले गए।

दिल के राज़ बताए उन्हें अपना समझकर,
वो हमें आंसुओं में नहलाते चले गए।

नहीं किया उन्होंने अहसान हम पर कोई,
वो अहसानों तले अपने दबाते चले गए।

गलती हमारी जो आया दिल उन पर हमारा।
वो झूठा वादा कर दिल बहलाते चले गए।

रात का अंधेरा और तन्हाई भरी रातें,
वो जुगनू बन कर हमें सताते चले गए।

सूरज की रौशनी में खिलता चेहरा उनका,
वो सूरजमुखी बन कर हमें बहकाते चले गए।

मोहब्बत हमारी हमने नाम कर दी उनके,
वो अपनी मीठी बातों में हमें फंसाते चले गए।।

✍ शाहाना परवीन 'शान'..

काश !

काश! कोई हो
जो समझे पीड़ा,
इस दिल की।
करें प्यार जी भरकर,
जिसे परवाह नहीं,,
हो, किसी की।

काश! आ जाए सामने,
वो हमारे एक दिन।
करें बात जी भरकर,,
जिसे परवाह नहीं
हो, किसी की।

काश! मेरे दिल की,
बेचैनी को वो समझ जाए।
हमें बनाकर अपना,
दूर कहीं ले जाए।

जिसे परवाह नहीं
हो, किसी की।
काश ! मेरे जीवन को
वो महका जाए।

मेरे मन मंदिर में
दीप जला जाए।
अंधकार मिटा दे
जीवन का।

जिसे परवाह नहीं
हो, किसी की।
काश! कोई हो ऐसा
जी हां! हो कोई
तो ऐसा।।

✍ शाहाना परवीन 'शान'..

हाथो में गुलाब

हाथों मे गुलाब दिया था हमने,
तुमने नहीं दिया कोई जवाब?
तुम्हारी चाहत था सपना हमारा पर
तुमने तोड़ दिया हमारा हर ख्वाब।

सोचते हैं कभी- कभी हम,
कहीं कुछ गलती तो नहीं हो गई?
कौन सा वक्त था वो जब?
तुमसे किया था हमने प्यार?
हाथों मे गुलाब दिया था हमने,
तुमने नहीं दिया कोई जवाब?

तुम्हारे हाथो में गुलाब मोहब्बत का,
अच्छा नहीं लगता आज।
ऐसा करो लौटा दो हमें तुम
हमारा प्यारा गुलाब।
हाथों मे गुलाब दिया था हमने,
तुमने नहीं दिया कोई जवाब?

ज़बरदस्ती किया नहीं जाता प्यार,
यह अपने आप दिल में पनप जाता है।
नहीं निभा सकते तुम साथ हमारा तो,
हमेशा के लिए छोड़ दो हमारा हाथ।।
हाथों मे गुलाब दिया था हमने,
तुमने नहीं दिया कोई जवाब?

✍ शाहाना परवीन 'शान'..

एक अधूरा सफर

आज पूरा हो गया, हमारा एक अधूरा सफर।
सदियों से था जो तन्हा, हमारा अधूरा सफर।

खामोशियाँ बिखरी पड़ी थी, फिज़ाओ में,
कुछ नहीं था पास, था सिर्फ एक अधूरा सफर।

हमारी मोहब्बत पुकारती थी उन्हें, ढूंढती थी आस- पास।
अकेलेपन के साथ लिपटा था, हमारा अधूरा सफर।

पर आज नहीं हम अकेले, तुम साथ हो अब हमारे।
हमारे मन- मंदिर की मूरत बन, बन गए ज़िंदगी के सहारे।

कल तक डसती तन्हाईयाँ, हसती थी हम पर,
क्योंकि साथ हमारे था, एक अधूरा सफर।

मोहब्बत ने आकर, पूरा कर दिया तन्हा सफर को,
दिल को मिल गई राहत, संभाल लिया धड़कनों को।

आज नहीं अफसोस, पूरा हुआ हमारा अधूरा सफर।
मोहब्बत मिल गई मुकम्मल हो गया हमारा अधूरा सफर।।

✍ शाहाना परवीन 'शान'..

दर्द इश्क का

क्या होता है,,
दर्द इश्क का ?
सब कुछ होकर भी,
जो ना हो पास,
वो है,
दर्द इश्क का।

ऑखों में छुपी नमी,
जो कहना चाहती
बहुत कुछ पर,
कह नहीं पाती कुछ भी,
वो है,
दर्द इश्क का।।

तन्हाइयों के साएं,
विरान महफिलें,
निगाहें ढूंढती हैं
किसी को,
वो है,,
दर्द इश्क का।।

खामोशियाँ बिखरी
फिज़ाओं में,
हर वक्त,
वो है,,
दर्द इश्क का।।

एक अकेलापन
सूनसान सा है
ज़िंदगी में
ढूंढती हमसफर कोई
वो है,,
दर्द इश्क का।।

उफ्फ! ना जीने देता है,
ना मरने देता है,
बेचैनी बढ़ाता है,
यह दर्द,,
इश्क का।।

✍ शाहाना परवीन 'शान'..

ना जाने क्यूँ?

ना जाने क्यूँ?
बार बार लगता है ऐसे
जैसे,
कुछ पीछे छूट सा गया है।

पर क्या?
शायद कोई ऐसा,
जिसे कभी दिल ने चाहा था,
बेइंतहा।।

शायद कोई ऐसा,
जिसकी दिल ने,
तमन्ना की थी कभी।।

शायद कोई ऐसा,
जिसकी एक झलक पाने को,
दिल बेताब हो उठता था।।

शायद कोई ऐसा,
जो दूर होकर भी,
हमेशा पास रहता था।।

शायद कोई ऐसा,
जिसके ख्वाबों में,
खो जाने का
मन करता था।।

शायद कोई ऐसा,
जिसको चाहने लगे थे हम,
जिससे इश्क हो गया था।।

काश! वो मिल जाए,
जिसकी तमन्ना दिल
आज भी करता है
काश! वो पास आ जाए
जिसकी खूशबू से
महकता है चमन मेरा।।

ना जाने क्यूँ?
धड़कनों में सरगम
उसकी सुनाई देती है।

ना जाने क्यूँ?
हवा में उसकी महक
महसूस होती है।

काश! हो ऐसा कि
मैं आँखें बंद कर
महसूस करूं उसको
और सामने वो आ जाए।।

✍ शाहाना परवीन 'शान'..

बेचारा दिल

ए! दिल
क्यूँ फिरता है तू
मारा मारा?
क्या चाहता है तू?
ज़रा,
हमें भी बताना?
लगता है,,
दीवाना हो चुका
तू मोहब्बत में ?
ना कर कुछ ऐसा
हो जाएगा
तू परेशान बेचारा।
ए! दिल
क्यूँ फिरता है तू
मारा मारा?
चाहत तेरी
तू भी नही जानता
अपने प्यार को तू भी
शायद
नहीं पहचानता।
पगला है तू,,
तन्हा सा रहता है।
क्यूँ, करता है फिक्र?
अपने दिल को
समझाना।
ए! दिल

क्यूँ फिरता है तू
मारा मारा?
इश्क करना,
नहीं आसान,,
सुख-चैन,
खोना पड़ता है।
बढ़ जाती
बेकरारी
दिल की
तन्हाइयों में
फिर
जीना पड़ता है।
ना कर ऐसा
थक जाएगा दिल
बेचारा।।
ए! दिल
क्यूँ फिरता है तू
मारा मारा?
क्या चाहता है तू?
ज़रा,
हमें भी बताना?

✍ शाहाना परवीन 'शान'..

कॉफी और मोहब्बत

सोचते हैं
कभी उनसे
मुलाकात हो।
दो कप कॉफी और
मोहब्बत का
साथ हो।
एक दूसरे को जब
देखें निगाहें,
इश्क में डूबा मंज़र
लाजवाब हो।।
दो कप कॉफी
इज़हारे मोहब्बत हो
आँखो में उनके भी
एक तड़प हो।
जैसे हम रहते बेकरार
उनकी धड़कनों में भी
बेकरारी हो।
सोचते हैं
कभी उनसे
मुलाकात हो।
दो कप कॉफी और
मोहब्बत का
साथ हो।

✍ शाहाना परवीन 'शान'..

इश्क बार बार नहीं होता

नहीं होता इश्क बार बार,
यह होता ज़िंदगी में सिर्फ
एक बार।
लाख कोशिश करो भूलने की
महबूब को,
नहीं भूल सकता कोई अपना
पहला वो प्यार।
नहीं होता इश्क बार बार,
यह होता ज़िंदगी में सिर्फ
एक बार।।
जिन्हें मिलता प्यार,
समझो,
जन्नत मिल जाती है।
प्यार नहीं मिल पाता,
जिन्हें,
ज़िंदगी ठहर सी
जाती है।
बेचैनी बढ़ जाती दिल की,
धड़कनें कम हो जाती हैं।
जीना चाहता मन, पर
मन की रंगत बदल जाती है।
नहीं होता इश्क बार बार,
यह होता ज़िंदगी में सिर्फ
एक बार।।
कैसे कह देते लोग ?
आसानी से,

वे किसी दूसरे को चाहते हैं
कैसे छोड़ देते पहला प्यार,
वह कैसे जी पाते हैं?
कैसे अपने दिल में
किसी दूसरे को
जगह दे पाते हैं?
नींद आ जाती क्या उनको?
ख्वाब सताते नहीं?
रातों को कैसे
वो सो जाते ?
आस दिल में क्या
जगती नहीं?
नहीं होता इश्क बार बार
यह होता ज़िंदगी में सिर्फ
एक बार।।

समझो तो बहुत कुछ है इश्क
ना समझो तो
कुछ भी नहीं
किसी के लिए।
जो समझते उनके लिए
पूरी ज़िंदगी है इश्क,
ना समझो तो
समय व्यतीत है इश्क।
नहीं होता इश्क बार बार,
यह होता ज़िंदगी में
सिर्फ एक बार।।

✍ शाहाना परवीन 'शान'..

बिना प्यार ज़िंदगी अधूरी

बिना प्यार के वक्त
कैसे गुज़रता है ?
ये पूछो उससे जिसने
कभी ना किया हो
प्यार किसी से।
ये पूछो उससे जिसने
कभी ना किया हो
इकरार किसी से।
ये पूछो उससे जिसने
कभी ना किया हो
तसव्वुर किसी का।
ये पूछो उससे जिसने
कभी ना किया हो
इंतज़ार किसी का।
ये पूछो उससे जिसने
कभी ना किया हो
ख़याल किसी का।
ये पूछो उससे जिसने
कभी ना महसूस किया हो
धड़कनों को।
बिना प्यार ज़िंदगी में,
क्या मज़ा है जीने में?
बिन ख़्वाब ज़िंदगी में,
क्या मज़ा है रहने में?
इश्क वो इबादत है जो
मुश्किल से

पूरी होती है पर,
अगर हो गई पूरी तो
दिल से कभी
नहीं निकलती है।।
जो लोग,
नहीं करते इश्क
वो भला,
कैसे रह पाते हैं?
कैसे जीते जीवन अपना,
किस तरह से
खुश हो पाते हैं?
बिना मोहब्बत
क्या इस दुनिया में?
पर दोस्तो! फिर भी ज़िंदगी में
एक बार
मोहब्बत सबको होती है।
किसी को कम तो
किसी को ज़्यादा
होती है।
किसी की लिखी जाती
दास्तां
किसी की छुप जाती है।
पर मोहब्बत होती
है सभी को एक बार।
बिना प्यार के किसी की
ज़िंदगी नहीं होती पूरी।।

✍ शाहाना परवीन 'शान'..

तस्वीर से इश्क

क्या कहे?
इस खूबसूरत
तस्वीर के बारे में .....
ऑखें करती इशारा कि
उन्हें देखो..।
बाल कहते पहले,,,,
मुझे...।
गालों की तो बात ही क्या है ?
होंठ पूछते सवाल....
कभी गुलाब देखा है ?
हम हल्का सा मुस्कुराते...,
तस्वीर को फिर निहारते,,,,
फिर सोचते वाकई;;;;
बनाने वाले ने गज़ब कर दिया...
किस किस की करूँ तारीफ?
सबको दीवाना कर दिया।।
तस्वीर से हो गया इश्क
बेचैनी बढ़ गई दिल की
सोचते हैं अगर
आ जाए वो सामने
हाल क्या होगा हमारा?

✍ शाहाना परवीन 'शान'..

मानो या ना मानो

है इश्क हमें तुमसे सनम,
तुम जानो या ना जानो।
रहोगे सदा हमारे दिल में,
तुम मानो या ना मानो।।

तुम्हारे ही सदा बनके रहेंगे,
समाएं रहोगें तुम इन आँखो में।
सुनो धड़कनें हमारे दिल की,
तुम मानो या ना मानो।।

इश्क में पागल हो चुके इस कदर,
तुम्हें शायद नहीं अहसास?
हर वक्त रहता इंतज़ार तुम्हारा,
तुम मानो या ना मानो।।

क्या कहें तुम से?
समझ नहीं पा रहे हैं,
तुम्हारे बिना अब
जी भी नहीं पा रहे हैं।
याद करते हैं तुम्हें
हर लम्हा हर घड़ी,
तुम मानो या ना मानो।।

नाम तुम्हारा ज़ुबां पर आता है,
मुस्कुरा उठते हैं होंठ हमारे।
मिलने की तमन्ना जग जाती मन में,

रातों को ख़वाब सताते हैं तुम्हारे।
तुम मानो या ना मानो।।

इश्क किया नहीं जाता किसी से,
यह खुद-ब-खुद हो जाता है।
इश्क ना देखे धन-दौलत, रंग-रूप,
अचानक ज़िंदगी बन जाता है।

इश्क हमारा सच्चा
आज़मा कर देखो,
दिल की बढ़ती धड़कनों को
छूकर ज़रा देखो।
जान भी मांगोगे दे देंगे हम।
सिर्फ साथ चाहते हैं तुम्हारा,
तुम मानो या ना मानो।

✍ शाहाना परवीन 'शान'..

तुम बिन

आँखों में बसा के ख्वाब हमारे,
तुम अचानक कहाँ चले गए?
हमें बनाकर अपना गुलाम,
अंधेरों में गुम कहाँ हो गए?
नहीं जी पा रहे बिना आपके,
आकर हमें अब संभालो तुम।
प्यार जगाकर दिल में हमारे,
तुम अचानक कहाँ चले गए?
दिल्लगी करना ठीक नहीं,
जान ले लेगी किसी दिन हमारी।
तुम्हारे बिना अधूरा ये सफर
तुम अचानक कहाँ चले गए?
तुम बिन नहीं आराम हमें,
एक बार आकर गले लगा लो।
रातों को तन्हाईयाँ डसती हैं
तुम अचानक कहाँ चले गए?
इश्क बिना सूनी ये गलियाँ,
तुम बिन कोई आराम नहीं।
कब आओगे इतना तो बता दो?
तुम अचानक कहाँ चले गए?

✍ शाहाना परवीन 'शान'..

रिश्ता

मां की ममता

कभी ना खत्म होने वाला अहसास है माँ,
संतान के दिल की सदा ही धड़कन है मां।

घबराती नहीं, न ही कभी थकती,
संतान के साथ सदैव ही चलती रहती।
बच्चे की एक आवाज़ पर प्रकट होती है माँ।

समय विशाल बदलता रहता नित नए रंग,
बदलते रिश्ते, बदलते परिवेश नहीं बदलती कभी माँ।

कभी घबरा जाओ, डर जाओ तो माँ के पास चले आना,
अंधेरे में बन उजाला हर समय खड़ी संग माँ।

माँ की ममता को कभी कोई खरीद नहीं पाया,
हर धन में सबसे धनी, रिश्तों में सबसे बड़ी है माँ।

माँ एक अगरबत्ती जिसकी खूशबू से महकता घर परिवार,
उनसे पूछो हृदय की पीड़ा जिनके पास नहीं है माँ।

संतान को भोजन देती, बेशक खुद भूखी रहती,
शिशु को सूखे में सुलाती, खुद गीले में सोती माँ।

अम्मा, अम्मी, मम्मा, मम्मी, आई, मौम हज़ारो नाम,
कुछ भी कहो कुछ भी पुकारो ममता की मूरत है माँ।

नदी नहीं पीती जल अपना, औरों को जल देती है,
नहीं जीती अपने लिए, निराशा में आशा की किरण है माँ।

ईश्वर को नहीं देखा किसी ने नाम लेकर करते हैं याद,
धरती पर परमात्मा का दूसरा रूप होती है माँ।

✍ शाहाना परवीन 'शान'..

सभी पिताओ के लिए

माता होती हैं घर की लक्ष्मी,
पिता भी देवता होते हैं।
भगवान देते माता-पिता एक बार,
इन्हें बार- बार फिर कभी नहीं देते हैं।
मन से करो सेवा इनकी,
जितनी तुम कर सकते हो।
पिता के रूप में भगवान,
हर बार प्रकट नहीं होते हैं।
पिता का यदि हम करें सम्मान,
जग में सुख ही सुख पाते हैं।
पिता के साथ रहते मित्र बनकर,
पिता को अपने से दूर नहीं पाते हैं।
संतान का संसार पिता होते हैं,
अभिमान, आत्मविश्वास पिता होते हैं।
माँ के माथे की बिंदिया जब चमकती है,
पिता सदा माँ के साथ होते हैं।
समुंदर से अधिक गहराई पिता की आँखो में,
भविष्य की सुरक्षा छुपी पिता की बाहों में।
पिता संतान के दिल की धड़कन होते हैं,
बेटी के जीवन में मायके का सुख होते हैं।
कभी आराम नहीं करते पिता,
कभी थकते भी नहीं हैं पिता।
बेटियों की तो पिता जान होते हैं,
बेटी की विदाई पर सबसे अधिक रोते हैं।
बेटियों का पहला प्यार होते पिता,
बेटियाँ का अभियान होते पिता।

पिता का करो सदा आदर, सम्मान,
पिता को मिलती इससे खुशियाँ बुशुमार।

✍ शाहाना परवीन 'शान'..

बेटी

बेटी से होती शुरूआत प्रत्येक रिश्ते की,
बहन बन कर घर आँगन महकाती है।

जब बन जाती बहू किसी अन्य परिवार की,
तब पत्नी बन पति का साथ निभाती है।

कष्ट आएं चाहे जितने बेटी नहीं घबराती है,
माता पिता के साथ खड़ी रहकर उनकी हिम्मत बढ़ाती है।

कर्तव्यों से मुँह नहीं मोड़ती नदी के सामान बहती है,
पत्नी से बनकर माँ सृष्टि को सजाती है।

हर रिश्ता गुनगुनाता वहाँ जहाँ बेटी हंसती है,
बेटी तो है बेटी चाहे हो किसी की भी हर दिल में बसती है।

कठिन मार्ग पर चलकर भी, कदम नहीं डगमगाते उसके,
अंधेरो मे उजियाला बन नये रिश्ते बनाती है।

पिता की लाडली होती बेटियाँ, माँ की परछाई कहलाती हैं।
चाहे दुख हो कितना भी आँखो से आँसू नहीं बहाती हैं।

बेटी के रुप अनेक, हर रिश्ता मिश्री के समान है,
नारी जग सृजित करती, विश्वास मन में जगाती है।

✍ शाहाना परवीन 'शान'..

बेटी की विदाई

बेटी की विदाई पर
पिता बेबस होता है।
रोक नहीं सकता
जिगर के टुकड़े को
यह विधि का विधान
होता है।
जब होती बेटी शादी लायक
पिता सपने सजाता है।
अच्छा वर अच्छा घर मिले
यही आस मन में जगाता है।
शादी के दिन पिता पुत्री से,,
आँख तक नहीं मिला पाता है।
रोकना चाहता बेटी को पर
रोक पिता फिर नहीं पाता है।
बेटी होती पराया धन
न जाने किसने बनाया यह नियम?
भाई, मां, बहन सबके आँसू बहते हैं।
पिता ही है जो अपने आँसू छुपाता है।
मन में होता उसके डर कि
बिटिया उसे रोते ना देख पाएगी,,
शायद घर से विदाई के समय
बिटिया खुद पर नियंत्रण नहीं रख पाएगी।
बेबस होता हर पिता उस वक्त जब
बेटी विदा होती है।
कर देती मजबूर पिता को
कलेजा पत्थर का बनाने को

जब बेटी विदा होती है....
जब बेटी विदा होती है...।।

✍ शाहाना परवीन 'शान'..

मां, हर प्रश्न का उत्तर

माँ! क्या लिखूँ तेरे बारे में,
तू हर प्रश्न का उत्तर है।
क्या कहूँ तेरी ममता के विषय में?
सारा जगत तेरे हृदय की धड़कन है।

यह धरती, जग, परिवार सब,
तेरा ही बसाया हुआ है।
तू ही इसकी निर्मात्री,
तू ही हर प्रश्न का हल है।

तू है बेटी की सच्ची सहेली,
उसके दुख सुख की संगिनी है।
तेरी परछाई बनकर बिटिया,
दो कुलों का मान बढ़ाती है।

चाहती अपनी संतान को,
भरपूर प्यार, स्नेह, दुलार देती है।
सब रिश्तों को सहेजकर रखती,
तू ही परिवार की नींव है।

दुख के भाव छुपाकर रखती,
चेहरे पर मुसकान झलकाती है।
आँख के आँसू पीती रहती,
माँ त्याग की प्रतिमूर्ति है।

माँ! क्या लिखूँ तेरे बारे में,
तू हर प्रश्न का उत्तर है।
क्या कहूँ तेरी ममता के विषय में?
सारा जगत तेरे हृदय की धड़कन है।

✍ शाहाना परवीन 'शान'..

पति- पत्नी के कदम

कदम कदम पर हम साथ चलेंगे
एक दूसरे के हम साथ रहेंगे।

कुछ तुम आगे बढ़ना कुछ हम बढ़ेंगे
कदम से कदम मिलाकर चलेंगे।

कदम कदम पर हम साथ चलेंगे,
एक दूसरे के हम साथ रहेंगे।।

ज़िंदगी है बहुत छोटी हर क्षण जी लो,
भरपूर मन से हर पल को जी लो।

कदमों का क्या है जहां ले जाओगे जाएंगे,
कभी पीछे और कभी आगे हो जाएंगे।

कदम कदम पर हम साथ चलेंगे,
एक दूसरे के हम साथ रहेंगे।।

✍ शाहाना परवीन 'शान'..

तू मेरी राखी है बहना

(यह कविता मेरी बेटी ने अपनी बहन के लिए लिखी है)

भाई नहीं मेरे पास तो क्या हुआ?
मेरी बहन ही मेरा भाई है।
रहती हर वक्त साथ मेरे,
मेरी बहन ही मेरी कहानी है।
हर दुख-सुख में मेरा साथ निभाती,
ऑखों में आंसू ना कभी आने देती।
रक्षाबंधन के दिन हम दोनों
एक दूसरे की कलाई पर राखी बांधती हैं,
एक दूसरे को गले लगाती हैं और
मिठाई भी खिलाती हैं।
हम बहनों की दुनिया सजी है
प्यार, स्नेह और दुलार से,
दोनो बहनों के अटूट विश्वास और
माता-पिता के आशीर्वाद से।
कमी महसूस नहीं होती कभी
हमें भाई के प्यार की।
तू मेरी राखी है बहना
मेरी खुशियां और बहार भी।
तुझ ही से आज पास मेरे,
एक ख़ास रिश्ता साथ हैं।
रक्षाबंधन का त्योहार
बहनों का भी त्योहार है।
जो बांधता डोर स्नेह की
रहता बहनों के साथ है।।

रक्षाबंधन का पर्व संसार में
एक अनमोल उपहार है।।

तमन्ना 20 वर्ष
अलीशा 17 वर्ष

✍ शाहाना परवीन 'शान'..

हमसफ़र

सफ़र में जो चलता साथ, वही हमसफ़र कहलाता है।
धूप में बन जाता छाँव, वही हमसफ़र कहलाता है।
बिना कहे सुनता, धड़कने हृदय की,
बिना चले समझता जो आहट कदमों की।
खूशबू से पहचान लेता अपने साथी को,
वही हमसफ़र कहलाता है।
सफ़र में जो चलता साथ, वही हमसफ़र कहलाता है।।

सुंदरता देखें बंद आँखो से, साथी को देखें सम्मान से।
दिल की धड़कनो को झट से पढ़ लेता है,
वही हमसफ़र होता है।
सफ़र में जो चलता साथ, वही हमसफ़र कहलाता है।

हमसफ़र की बातें होती सबसे अलग,
विश्वास पर ही टिकी होती हर वक्त।
दर्द होने पर भी जो मुसकुराता है,
साथी को कभी नहीं जो तड़पाता है।
वही हमसफ़र होता है।
सफ़र में जो चलता साथ, वही हमसफ़र कहलाता है।

कभी ना अपमानित करता अपने प्यार को,
ईमानदारी से निभाता अपनी प्रीत को।
जो रखता विश्वास जीवन भर अपने साथी पर वही हमसफ़र होता है।
सफ़र में जो चलता साथ, वही हमसफ़र कहलाता है।।

✍ शाहाना परवीन 'शान'..

पति-पत्नी के प्रेम रंग

रंग हज़ार दुनिया में, कुछ रंग बेमिसाल,
लगते बेहद हसीन, करते जब ये रंग धमाल।

पति पत्नी के प्रेम रंग और भी बेहतर बन जाते हैं,
हाथों में होता साजन का हाथ एक दूजे की हिम्मत बढ़ाते हैं।

एक दूजे की आँखो से समझते वो दिल के जज़बात।
रिश्ता गहरा हो जाता जब विवाह संग हो जाते साथ।

रंग भर जाते जीवन में उनके, रंग बन जाते बेमिसाल।
प्रेम होता साथ सदा ही, बीच न होती कोई दीवार।

धड़कनें सुनते दिल की, जब होते दोनों एक साथ,
करते फिर एक दूजे से मन से मन की बात।

गहरा होता जाता रिश्ता बीच नहीं कोई आता है,
एक दूजे के बिना अधूरे यह अहसास करा जाता है।

पति पत्नी का प्रेम रंग अपना रंग दिखाया है,
अंत समय तक दोनों का संग अपनी निशानी छोड़ जाता है।।

✍ शाहाना परवीन 'शान'..

बेटी का पहला कदम

बेटी का पहला कदम,
सब कुछ पा लिया हो जैसे एक माँ ने।
देखकर बेटी की पहली मुसुकुराहट,
प्रसव पीड़ा को भुला दिया हो एक माँ ने।

बिटिया का रोना मानो माँ की सज़ा,
बेटी का हंसना मानो माँ का तोहफ़ा।
खेलते हुए देखा जब माँ ने लाडली को,
अपना बचपन जैसे दौबारा जी लिया हो एक माँ ने।

बेटी माँ की पहचान तो पापा की जान भी है,
बेटी परिवार का गौरव, बेटी दादा की शान भी है।
सुखद क्षण होता जब बेटी, माँ संग बातें करती है।
बेटी में जैसे सहेली को पा लिया हो एक माँ ने।

बेटी– माँ का रिश्ता अनमोल, जैसे हो रेशम की डोर।
पक्के धागो में लिपटा अटूट रिश्ता, खुशबू बिखेरता चारों ओर।
बेटी को गले लगाकर ख़ुद को वापिस पा लिया हो एक माँ ने।।

✍ शाहाना परवीन 'शान'..

बाबुल

तेरे अंग का टुकड़ा हूँ मैं,
क्या मेरी विदाई कर पाएंगा?
दूसरे के हाथो में कैसे,
मेरा हाथ तू सौंप पाएगां?

तेरे आँगन की चिड़िया हूँ मैं,
कल तक फुदकती थी यहाँ।
उस आँगन को कल मेरे बिना
क्या तू सूना देख पाएंगा?

बाबुल मोरे! तेरे ह्रदय का टुकड़ा हूँ
दूजे घर कल चली जाऊंगी?
तेरी बहुत याद सतायेगी, पर मैं
जी भरकर रो भी न पाऊगीं।

दूल्हा आयेगा डोली लेकर,
अपने संग मुझे ले जायेगा।
मेरी डोली जब जाएगी तो बाबुल,
भला कैसे तू यह देख पाएंगा?

बहुत हिम्मत करनी पड़ती है,
अपनी बेटी सौंप देते जब दूसरे को।
जिसको जन्म दिया दर्द सहकर,
हाथ पकड़ा देते किसी और को।

आँखे भर आती हैं,
हृदय विचलित हो जाता है।
जब बेटी की शादी का जोड़ा,
बाबुल के घर आता है।

बेटी रहे सदा खुश और आबाद,
मन से यही दुआ निकलती है।
बसा रहे उसका घर –आँगन,
बाबुल की याद उसे भी आती है।

फिर भी ना जाने क्यूँ?
मन में एक प्रश्न सदा रहेगा।
किसने और क्यूँ बनाया यह नियम ?
लड़की को दूजे घर क्यों जाना पड़ेगा।

✍ शाहाना परवीन 'शान'..

दोस्ती

दिल के नज़दीक धड़कनों के जो पास है,
रिश्ता कुछ नहीं पर फिर भी बहुत ख़ास है।

जब भी हो परेशानी, कभी दिल हो बेचैन,
दोस्त सामने आकर गले से लगा लेते हैं।
संकट आया हो चाहे कितना भी गहरा,
दोस्त आकर हमारा मनोबल बढ़ा देते हैं।

चंद शब्दों से बयां नहीं कर पाएंगे,
हर रिश्ते से ऊपर दोस्ती को पाएंगे।
अंत तक जो साथ देता वही दोस्त है,
ज़रूरत के समय दोस्त को करीब पाएंगे।

अपनी खुशियां जो लगा देता दांव पर,
अपनी हंसी कर देता न्योछावर दोस्त पर।
भाग्य से आगे रहकर भी जो लड़ जाता है,
दोस्ती की खातिर जो खेल जाता जान पर।

आंखों में आंसू जो देख नहीं पाता,
ऐसा दोस्त किस्मत ही से मिल पाता।
लाख करे कोशिश इनको अलग करने की कोई,
ऐसा दोस्त किसी के बहकावे में नहीं आता।

दिल के नज़दीक धड़कनों के जो पास है,
रिश्ता कुछ नहीं पर फिर भी बहुत ख़ास है।।

✍ शाहाना परवीन 'शान'..

भाई- बहन

भाई बहन का रिश्ता बहुत प्यारा है,
भाई दूज का त्योहार बहुत निराला है।
एक दूजे के प्रति आशीर्वाद भरा हृदय में,
सबसे सुंदर रिश्ता जग में न्यारा है।
भाई- बहन का रिश्ता बहुत प्यारा है।

बहन- भाई का बचपन बीतता छोटे मोटे झगड़ों में,
कुछ कहते कुछ सुनते आपसी खट्टे मीठे अनुभवों में।
बड़े होने पर एक दूसरे की चिंता करते दोनों,
एक दूसरे के लिए कभी खुश, कभी दुखी होते दोनों।
एक दूजे के प्रति स्नेह और सुरक्षा का भाव है।
भाई-बहन और बहन-भाई से सजता जग संसार है।
भाई बहन का रिश्ता बहुत प्यारा है,
भाई दूज का त्योहार बहुत निराला है।।

जब बहन डोली में बैठ विदा होती भाई भावुक हो जाता है,
मुश्किल से कर पाता खुद पर काबू भाई का रोना निकल आता है।
भाई बहन का रिश्ता धरती पर चमत्कार है,
स्नेह, प्रेम, सुरक्षा से सिंचित रिश्ता महान है।
भाई बहन का रिश्ता बहुत प्यारा है,
भाई दूज का त्योहार बहुत निराला है।।

जब आता भाई दूज दोनों खुश हो जाते हैं,
भाई लगाता गले बहन को बहन के आंसू निकल आते हैं।
रिश्ता लाजवाब और बेहद शानदार है,
कभी न खत्म होने वाला यह रिश्ता लाजवाब है।

भाई बहन का रिश्ता बहुत प्यारा है,
भाई दूज का त्योहार बहुत निराला है।।

✍ शाहाना परवीन 'शान'..

दादा-दादी का रिश्ता

दादा- दादी बहुत प्यारे होते हैं,
पिता जी के माता-पिता होते हैं।
मां के कहलाते हैं ये सास-ससुर,
घर में सबसे बड़े, सबके सहारे होते हैं।

दादा-दादी का रिश्ता होता बहुत ख़ास,
मिलता पोता- पोती को इनसे स्नेह अपार।
जब कभी बच्चें मम्मी पापा से डांट खाते हैं,
तब झटपट दादा-दादी के पीछे छुप जाते हैं।

दादा-दादी जीवन की सीख और कहानियां सुनाते हैं,
बच्चों के दिन को खुशियों से फिर सजाते हैं।
उनकी छांव पाकर बच्चे बचपन जी जाते हैं,
अपने हर सपने को वे पूरा कर पाते हैं।

'चंदामामा दूर के' कविता बन जाती एक सीख,
जीवन भर रहती साथ दादा-दादी की हर सीख।
दादी के हाथों से बना हल्वा हर क्षण याद रहता है,
हल्वे का स्वाद मुंह में मिठास जीवन भर घोलता है।

दादा-दादी की गोद में बच्चों को मिलता आराम,
चाहे हो कितना भी दर्द मिलता वहां आराम।
उनका आशीर्वाद पाकर हम सफल हो जाते हैं,
अपने सपनों को साकार हम कर जाते हैं।

✍ शाहाना परवीन 'शान'..

नाना-नानी

नाना–नानी का रिश्ता बहुत ही अनोखा है।
आँगन है खुशियों का द्वार, बच्चों के लिए झरोखा है।

मम्मी के माता–पिता जी नाना–नानी कहलाते हैं,
लगाते सीने से बेटी के बच्चों को सुंदर लोरी गाते हैं।

उधम मचाते सारा दिन नाना–नानी कुछ न कह पाते हैं,
खुद भी करते मस्तियां नाना–नानी खुश हो जाते हैं।

उनकी कहानियों में छुपी जीवन की रौशनी
बच्चों को मिलती जिनसे सीख नई नई।

नानी खिलाती कचौड़ी, नये नये पकवान,
लगता जैसे बच्चों को मिल गया वरदान।

नाना–नानी के प्यार में झलकता अपनापन,
ममता, प्रेम और स्नेह संग बीतता बचपन।

आंगन के झूले से जब झूला झूलते हैं,
मम्मी पापा को भूल नाना–नानी संग खेलते हैं।

नाना–नानी से मिलती खुशियों की सौगात,
लगता ऐसा मानो पा लिया हो पूरा आकाश।

रिश्ता अनोखा जिसमें खुशियां बिखरी रहती हैं,
होंठों पर छाई मुस्कान नाना–नानी से जो मिलती है।

✍ शाहाना परवीन 'शान'..

मोटिवेशनल

सूरज की पहली किरण

सूरज की पहली किरण
कर रही इशारा,
करो अपने काम सभी
बनो सबका सहारा।
यह लम्हा यही है सब–कुछ,
कल नहीं आता कभी दौबारा।
मत करो प्रतीक्षा कल की,
समय नहीं देता सहारा।
सूरज की पहली किरण
कर रही इशारा....

समय बलवान
करता अपने काम,
दूसरों की चिंता
नहीं करता सुबह और शाम।
मानव मन तुम भी बढ़ो आगे
निराशा को छोड़ दो
करो पूरे अपने वादे।
सूरज की पहली किरण
कर रही इशारा...
सकारात्मकता विचारों से हो
शुरुआत दिन की
यही है हमारा नारा।।

✍ शाहाना परवीन 'शान'..

मुस्कान का जादू

बिखेरकर अपनी मुस्कान,
तुम धनी बन जाओ।
जग में फैला दो प्यार,
सबके प्यारे बन जाओ।
जो मुस्कुराते रहते,
निराशा पास नहीं आती है।
सकारात्मक रहते विचार,
घबराहट नहीं सताती है।
दिल के करीब होकर भी
वे दूर हो जाते हैं,
जो बोलते नहीं प्रेम से और
सबको बहुत सताते हैं।
खुद के लिए करो कोशिश
अच्छा काम कर जाओ।
जिससे मिले प्रसिद्धी,
नेक काम में जुट जाओ।
आगे बढ़ते रहो
उन्नति करते रहो
चाहे आएं कठिनाई कितनी भी
परिश्रम करते रहो।
मुस्कुराते चेहरे को
सभी प्यार करते हैं
आते हैं जो पास एक बार
फिर वे दूर नहीं जा पाते हैं।।

✍ शाहाना परवीन 'शान'..

चिंतन

करके चिंतन जो करते काम
उनका होता काम आसान।
कठिनाईयों से गर घिर जाते,
चिंतन से फिर बाहर वे आते।

चिंतन लाता सकारात्मक विचार
बनती जिनसे बिगड़ती बात।
होता मार्ग फिर आसान
चिंतन से मिलता आराम।

करो कोशिश श्रेष्ठ करने की,
इससे ना मानव दूर रहो।
अपने कार्यों में आगे बढ़ो
जीवन में चिंतन करते रहो।

✍ शाहाना परवीन 'शान'..

दिशा

सही दिशा जब मिल जाती है,
समय साथ निभाता है।
अन्यथा दिशा से भटका इंसान
सफल कहां हो पाता है?

माना परिश्रम आवश्यक
सफलता प्राप्ति के लिए।
पर सही दिशा का ज्ञान भी
अहम भूमिका निभाता है।

देखो चारों ओर मानव,
खोलकर अपनी आंखें
प्रतियोगिता का ज़माना है,
परिश्रम ही रंगराता है।

जब समुंदर में पानी
भयंकर हिचकोले मारता है।
रही दिशा लगाती तुम्हें पार,
समुंदर से बाहर लाती है।

सही दिशा जब मिल जाती है
समय साथ निभाता है।
अन्यथा दिशा से भटका इंसान,
सफल कहां हो पाता है?

✍ शाहाना परवीन 'शान'..

सकारात्मकता

जीवन में बढ़ना है अगर आगे
सकारात्मक सोच रखनी होगी।
कर निराशा को दर किनार
मन में फिर आशा भरनी होगी।
माना आयेगीं कठिनाईयां पर
हिम्मत तो दिखानी होगी।
सकारात्मकता के साथ हमें
ज़िंदगी बितानी होगी।

हो जाओगे सफल एक दिन,
जो चाहते हो जीवन में करना।
सकारात्मकता के साथ अपने
कर्तव्यों की पूर्ति करनी होगी।।
जीवन में बढ़ना है अगर आगे
सकारात्मक सोच रखनी होगी।।

✍ शाहाना परवीन 'शान'..

अचानक

अचानक आकर कुछ लोग ज़िंदगी में शामिल हो जाते हैं।
अपने व्यवहार से ज़िंदगी का एक ख़ास हिस्सा बन जाते हैं।।

माना नहीं रहते पास हमारे और न घूमते इर्द-गिर्द,
पर दिल की धड़कनें बन सांसों का साथ निभाते हैं।
अचानक आकर कुछ लोग ज़िंदगी में शामिल हो जाते हैं।
अपने व्यवहार से ज़िंदगी का एक ख़ास हिस्सा बन जाते हैं।।

ज़रूरी नहीं कि क़रीब आना या फिर गले से ही लगाना,
कुछ लोग ख़्वाबों में आकर भी हकीकत बन जाते हैं।
अचानक आकर कुछ लोग ज़िंदगी में शामिल हो जाते हैं।
अपने व्यवहार से ज़िंदगी का एक ख़ास हिस्सा बन जाते हैं।।

तसव्वुर काफी है किसी को महसूस करने के लिए
आगे बढ़कर अपनी कसमें पूरी करने के लिए।
खामोशियां बन हवा में खूशबू फैलाते हैं।
अचानक आकर कुछ लोग ज़िंदगी में शामिल हो जाते हैं।
अपने व्यवहार से ज़िंदगी का एक ख़ास हिस्सा बन जाते हैं।।

✍ शाहाना परवीन 'शान'..

एक कोशिश

फिर से एक कोशिश,
उस कोशिश को पूरा करने की,
जो अधूरी रह गई।।
बातें थीं जो मन में
उन बातों को पूरा करने की
कसमें अधूरी रह गई।
फिर से एक कोशिश,
उस कोशिश को पूरा करने की,
जो अधूरी रह गई।।

सिमटे थे अल्फ़ाज़
खुद ही में जो
वो सिमटकर रह गए
आने को थे बेकरार
पर आ ना सकें बाहर।
मन ही में दबकर रह गए।
फिर से एक कोशिश,
उस कोशिश को पूरा करने की,
जो अधूरी रह गई।

कोशिशों से क्या नहीं हो सकता ?
रास्ते मिल जाते हैं और
मंज़िले करीब आ जाती हैं।
जो रह गए अधूरे काम
करो उन्हें पूरा लगन से।
फिर से एक कोशिश,

उस कोशिश को पूरा करने की,
जो अधूरी रह गई।।

✍ शाहाना परवीन 'शान'..

सहर (सुबह)

सहर ने अपनी रौशनी से कर दिया
सभी के दिलों को रौशन
सारा माहौल खुशनुमा हो चला है
चिड़ियों की चहचहाहट सुनाई पड़ने लगी है
चलो चलते हैं हम सब भी
अपनी अपनी मंज़िल की ओर
कुछ करना है काम
इंसान को इंसान बनाना है।
इंसानियत का पाठ पढ़ाना है।
दुनिया में ज़रूरत मंद लोगों की
मदद करनी है
भटके हुओ को मार्ग दिखलाना है

मज़िल बुलाती है हमें
एक नई उम्मीद के साथ।
हम सबको कदम से कदम
मिलाकर आगे बढ़ना है।
हर दिन एक नई सहर आती है और
हमें हमारी ज़िम्मेदारियाँ बताती है।
डरना नहीं है मुकाबला करना है,
हिम्मत से आगे बढ़कर
हर मुश्किल का सामना करना है।
सहर कल फिर आयेगी,
हमें याद दिलाने कि उठो....
नये हौंसलो के साथ आगे बढ़ो।।

✍ शाहाना परवीन 'शान'..

ज़िंदगी सुहाना सफर

ज़िंदगी मिली हमें जीने के लिए,
सपने सजाने, पूरे करने के लिए।
हमे इसे भरपूर जीना चाहिए,
ज़िंदगी एक सुहाना सफर है,
यह बात स्वीकार करनी चाहिए।।

माना उलझनें बहुत हैं जीवन में,
एक सुख तो लाखों दुख खड़े हैं सामने।
पर इनसे घबराकर हारना नहीं चाहिए,
ज़िंदगी एक सुहाना सफर है,
यह बात स्वीकार करनी चाहिए।।

बढ़ते रहो आगे निरंतर हिम्मत मत हारो,
करते रहो कर्म अपने मेहनत से न भागो।
प्रकाश चारो ओर तुम्हें फैलाना चाहिए,
ज़िंदगी एक सुहाना सफर है,
यह बात स्वीकार करनी चाहिए।।

मन के विचारो को शुद्ध और पवित्र बनाओ,
निर्धन और लाचारों के भी दोस्त बन जाओ।
सबकी सहायता तुम्हें करनी चाहिए,
ज़िंदगी एक सुहाना सफर है,
यह बात स्वीकार करनी चाहिए।।

रोने को जहाँ मे अवसर मिलते हैं बहुत,
रुलाने वालो की भी कमी नहीं यहाँ लेकिन

हसने के बहाने तुम्हे ढूंढने चाहिए,
ज़िंदगी एक सुहाना सफर है,
यह बात स्वीकार करनी चाहिए।।

✍ शाहाना परवीन 'शान'..

शक्ति

अपनी शक्ति का प्रयोग करो तो ऐसे करो,
किसी को दुख ना पहुँचे ऐसे करो।
जहाँ भी जाओ करें लोग जय जयकार तुम्हारी,
भर जाए झोली आशीर्वाद से तुम्हारी।

कोई भी तुम्हारी शक्ति से ना डरे।
कोई भी तुम्हारे शब्दों से न मरे।
करो प्रयास ऐसा कि तुम कर सको सबकी सहायता,
गरीबों और लाचारों के बन जाओ तुम देवता।
अपनी शक्ति का प्रयोग करो तो ऐसे करो,
किसी को दुख ना पहुँचे ऐसे करो।

जीवन है बहुत कठिन मरना बड़ा सरल,
परिश्रम से बनाओ इस जीवन को सफल।
शक्ति के दुरुपयोग से दिल ना दुखाओ किसी का,
बन जाओ मन के मीत सहारा बनो पराएं और अपनों का।

तुम बद्दुआओ का।
जितना हो सके शक्ति का प्रयोग करो अच्छे कामों मे,
सम्मान करो सबका जगह बनाओ लोगों के हृदयों में।
अपनी शक्ति का प्रयोग करो तो ऐसे करो,
किसी को दुख ना पहुँचे ऐसे करो।।

✍ शाहाना परवीन 'शान'..

खुली आँखो से सपने देखना

बंद आँखो से तो देखते हैं सपने सभी
सपने वही जो खुली आँखो से देखें जाएँ।
जो बनाना चाहते इन सपनों को अपना
सपने वही जो परिश्रम से पूरे किए जाएं।

बंद आँखो से देखे सपने कभी होते नहीं अपने,
सपने तो होते सपने वे भला कहां होते अपने?
आँख खुलते ही दूर गगन में लौट जाते हैं।
बंद आंखों में खिलते, आँख खुलते ही मुरझा जाते हैं।

करो जो भी काम जीवन मे, उसकी निशानी छोड़ दो,
अपने कर्म करते रहो फल की इच्छा छोड़ दो।
मत देखो ऐसा सपना जिसे पूरा न कर पाओ,
या जगाओ मन में ऐसी लगन कि अपने सपने को जीत जाओ।
अपने कामों को न बनाओ तुम केवल सपना
वास्तविक में जिओ और करते रहो कर्म अपना।

मंज़िल मिलेगी तुम्हें एक दिन खुद से करो वादा,
परिश्रम करो ईमानदारी से इसे न करो आधा।
सपने होंगे पूरे तुम्हारे तुम सफल हो जाओगे।
सपने होंगे पूरे तुम्हारे जो तुम खुली आंखों से देख पाओगे।

✍ शाहाना परवीन 'शान'..

हर दिन एक नई कहानी

जीवन में उलझने जाती और आती हैं,
हर दिन एक नई कहानी बनती जाती है।
मत घबराओ इन उलझनों से तुम,
करो सामना कठिन परिस्थितियों से तुम।
एक दिन मेहनत रंग ज़रूर लाती है।
हर दिन एक नई कहानी बनती जाती है।

जो चाहत थी वो अभी तक मिल नहीं पाई
मन की इच्छा तुम्हारे मन ही में समाई।
टूटकर भी तुम देखो कैसे जुड़े बैठे हो?
अपने सपनों से सुसज्जित लदे बैठे हो।
दृढ़ निश्चय तुम्हारा अगर तुम्हारे साथ है,
जीवन में यह अनमोल साथी तुम्हारे पास हैं।
पाना चाहते हो जो, एक दिन तुम प्राप्त कर जाओगे,
हर दिन एक नई कहानी तुम स्वयं लिख पाओगे।

मन को न टूटने देना कभी, विश्वास मन में जगाए रखना,
रूकना नहीं कहीं रास्तों में आगे बढ़ते ही रहना।
मंज़िल कामयाबी की तुम्हें मिल जाएगी,
ज़िंदगी की नई सुबह तुम्हें देख मुस्कुराएंगी।
जीवन में उलझनें जाती और आती हैं,
हर दिन एक नई कहानी बनती जाती है।

✍ शाहाना परवीन 'शान'..

मन का दर्पण

मन के दर्पण में झांको और देखो ध्यान से,
तुम्हें तुम्हारा भाग्य नज़र आएगा।
जो कहेगा तुम्हें कि कुछ करो काम ऐसा,
जिससे सितारा तुम्हारा बुलंद हो जाएगा।

समय चक्र विशाल घूम-घूम कर करता अपने काम,
नहीं रुकता यह किसी के लिए चाहे मिन्नतें करो सुबह- शाम।
मन दर्पण आगाह करता, चेतावनी यह देता,
निर्णय लो सोच समझकर सुबह और शाम।

आओ न किसी के बहकावे में कभी भी,
न करो खराब अपने दिन को कहीं भी।
मंज़िल पाओगे तुम यह वादा करो स्वयं से,
निराशा के साथ न ठहरोगे तुम कहीं भी।

करोगे काम अपने सभी सुचारू रूप से,
आलस्य का कर दोगे त्याग कर दोगे हर रूप से।
आगे बढ़कर काम अपने निरंतर करते जाओ,
बीच में आए जो विध्न उसे दूर करते जाओ।

✍ शाहाना परवीन 'शान'..

आशा

आशा से बनता है जीवन, निराशा से नाता ना जोड़ो,
निरन्तर बढ़ो जीवन पथ पर, आशा का दामन ना छोड़ो।
कठिनाईयाँ तो आयेगी, तुम्हें बहुत सतायेगीं,
तुम्हारे मार्ग में कांटे भी ये लाख बिछांएगी।
निरन्तर बढ़ो जीवन पथ पर, आशा का दामन ना छोड़ो।।

आंधी तूफान भी आयेगें तुम्हें बहुत डरायेगें,
तुम्हारे रास्ते में रोड़े ये बहुत अटकाएंगे।
डरकर छुप ना जाना तुम आगे कदम बढ़ाना,
अपने मार्ग से विचलित होकर न लौट जाना।
निरन्तर बढ़ो जीवन पथ पर, आशा का दामन ना छोड़ो।।

सुख दुख से बना ये जीवन देखो कितना प्यारा है,
कहीं पर अंधेरा तो कहीं पर उजियारा है।
मिलेगी मंजिल तुम्हें एक दिन आस न खोना कभी,
विश्वास से जीता जा सकता जग आस न खोना कभी।
निरन्तर बढ़ो जीवन पथ पर, आशा का दामन ना छोड़ो।।

हिम्मत वाले पहाड़ों से भी रास्ता बना लेते हैं,
अंधेरें हो कितने घने उजाला फैला देते हैं।
आशाओं से जग को तुम जीत सकते हो,
अपने सुनहरे सपनों को पूरा तुम कर सकते हो।
निरन्तर बढ़ो जीवन पथ पर, आशा का दामन ना छोड़ो।।

कौन सा ऐसा क्षेत्र है जहाँ उतार चढ़ाव नहीं होते,
इस जगत में सबके हालात एक समान नहीं होते।

कहीं कम तो अधिक ऐसा हर जगह होता है,
आशाओं से जुड़ा हर सफर कामयाब होता है।
निरन्तर बढ़ो जीवन पथ पर, आशा का दामन ना छोड़ो।।

चींटी चढ़ती दीवार पर कई बार गिरने के बाद,
हौसंला खोती नहीं प्रयत्न करती वह बार–बार।
तुम भी सीखो उससे और मार्ग से मत डगमगाओ,
जब तक हासिल न हो तुम्हें मंज़िल पीछे न तुम वापिस आओ।
निरन्तर बढ़ो जीवन पथ पर, आशा का दामन ना छोड़ो!

✍ शाहाना परवीन 'शान'..

खुशी की तलाश

खुशी की तलाश में छुपा जीवन का राज़,
जो करते परिश्रम उन्हें मिलता आराम।
जीवन के उतार चढ़ाव से जो घबरा जाते हैं,
वे सभी एक जगह पर आकर ठहर जाते हैं।

इससे नहीं मिलता सुख और न ही कोई खुशी,
जब तक स्वयं को मेहनती वे नहीं बनाते हैं।
खुशी कोई वस्तु नहीं कि पैसा दो खरीद लो
खुशी कोई खिलौना नहीं कि खेलों और खुद को बहला लो।

यह एक आंतरिक क्रिया है जो स्वत: मन में प्रकट होती है
कर देती चित को शांत होंठों को हंसी देती है।
खुशी की तलाश करते वे जो इसके लिए लड़ते हैं
कठिन परिश्रम करते हैं और वे आगे बढ़ते हैं।

जीवन है क्षणभंगुर एक क्षण भी यहां अपना नहीं
कर लो खुद से मेहनत इतनी हर पल ठहरा जाएं वहीं
आशाओं के साथ जो निरंतर आगे बढ़ते हैं
निराशाओं का करते विनाश, आशाओं को जिताते हैं।
ऐसे व्यक्ति जीवन में खुशियां ही खुशियां पाते हैं।।

✍ शाहाना परवीन 'शान'..

देशभक्ति

देश, दिल और दर्पण

यह देश हमारा दिल है,
और दिल हमारा दर्पण है,
मातृभूमि की रक्षा के लिए,
ये जीवन, सदैव रहता, समर्पित है।।

देश, दिल और दर्पण इन तीनों के लिए,
व्यापक और जबरदस्त जन समर्थन है
देश हमारी आन बाण और शान है,
इससे हमारी पहचान है, मेरा देश महान है।।

दिल तो हमारा आईना है,
जो हमें प्यार करना सिखाता है,
ये देश की ताकत है,
जो हमें प्रेम करना सीखलाता है,

मजहब से कोई चीज, बड़ी नहीं होती है,
मजहब से प्यार हमें दिल से होती है,
ये जिंदगी हमारी मजहब की है,
ये बात हमें बताने की जरूरत नहीं होती है।।

यह देश हमारा दिल है,
और दिल हमारा दर्पण है,
मातृभूमि की रक्षा के लिए,
ये जीवन, सदैव रहता, समर्पित है।।

✍ राही राज

अटल

अटल नाम नहीं, एक विचारधारा है,
अटल सभी जन मानस का, प्यारा है।।

अटल नाम नहीं, एक नारा है,
अटल की राह पर चलकर, रात गुजारा है।।

अटल नाम नहीं, एक अभिव्यक्ति है,
अटल की बातों में, देशभक्ति और शक्ति है।।

अटल नाम नहीं, एक वंदन है,
उनका हर शब्द, माथे का चंदन है।।

अटल नाम नहीं, एक क्रांति है,
अटल से मिलती, सबों को शांति है।।

अटल राम है, रघुनंदन है,
अटल प्रेरणा का दर्पण है।।

अटल अटल है, जिंदगी का सम्पूर्ण पटल है,
अटल की राह पर चलना सरल है,।।

✍ राही राज

महात्मा गांधी

अंतरात्मा से एक ही आवाज आती है,
दिल से दिल की आवाज आती है,
मन से मन की आवाज आती है,
हे राम की आवाज,
आज भी सबों को सुनाई देती है ।।

वाकई वो महात्मा थे,
जन जन के वो आत्मा थे,
अहिंसा ही उनके जीवन का लक्ष्य था,
ये बात आज भी,
जन जन को सुनाई देती है ।।

यूं ही कोई बापू नही बन जाता,
यूं ही कोई राष्ट्र पिता नही बन जाता,
बहुत बड़ी कुर्बानी देनी होती है,
आज भी हर भारतीयों को,
उनकी आवाज सुनाई देती है ।।

गांधी बनना खेल नहीं है,
जन जन तक पहुंचना,
सबों की वश की बात नहीं है,
एक महान आत्मा ही यह काम कर सकता है,
करोड़ों में एक महात्मा गांधी बन सकता है ।।

जिसने हमे आजादी दिलाई,
उसका भी कुछ हक तो बनता है,

बापू कहना तो बनता है,
राष्ट्रपिता महात्मा गांधी कहना तो बनता है।।

✍ राही राज

भारत देश हमारा है

देश हमारा बड़ा ही प्यारा है, बहुत ही न्यारा है,
अन्य देशों से अलग, भारत देश हमारा है।।

लबों पे राष्ट्रगान रहता है
हाथ में तिरंगा रहता है,
माथे पे तिलक रहता है
सर पे कफ़न रहता है।।
मन गँगा के जैसा पावन रहता है,
तन से यमुना का धारा बहता है
सरस्वती है मेरी, विरासत
विरासत को सम्हाल के रखना पड़ता है।।
जन गण मन का नारा रहता है,
जीने मरने का अहसास रहता है,
करोड़ो भारतीयों का विश्वास रहता है,
इंकलाब जिंदाबाद का नारा रहता है।।
हमारे इरादे मजबूत रखते हैं,
हम डरकर नहीं जीते हैं,
हम जहाँ भी रहते है
उसे हिंदुस्तान कहते है।।
हम आर्यावर्त के वाशी है,
हम काशी के निवासी हैं,
हम सनातन में विश्वास करते हैं,
हम भोले भंडारी का अहसास करते हैं।।

देश हमारा बड़ा ही प्यारा है, बहुत ही न्यारा है,
अन्य देशों से अलग, भारत देश हमारा है।।

✍ राही राज

तिरंगा

अटल हमारा विश्वास रहा है,
गौरवशाली इतिहास रहा है,
जन जन का प्यारा रहा है
झंडा ऊँचा हमारा रहा है।।

नहीं किसी से डरते हैं हम,
मित्रवत व्यवहार करते हैं हम,
शान हमारी, जान हमारी,
तिरंगा हमारा प्यारा रहा है।।

मर जाएँगे, मिट जाएँगे,
आँच नहीं हम आने देंगे,
वतन की शान है, जान हमारा है,
जान से प्यारा, तिरंगा रहा है।।

बीरों की धरती रहीं है,
तिरंगे के लिए कुर्बानी दी है,
तिरंगा का अतीत रहा है,
झंडा हमारा गौरवशाली रहा है।।

ऐसा हमारा झंडा रहा है,
बहुत ही प्यार, बहुत ही न्यारा
जान हमारा तिरंगा रहा है,
शान हमारा तिरंगा रहा है।।

बहुत ही गौरवशाली इतिहास रहा है,
देश प्रेम हमेशा ऊँचा रहा है,
एक ही नारा गूंज रहा है,
हिंदुस्तान में शान से तिरंगा लहरा रहा है ।।

✍ राही राज

मै कलम का सिपाही हूँ

मै राही हूँ,
मै कलम का सिपाही हूँ।।

मै जीता जागता राही हूँ,
एक चलता फिरता एक मुसाफिर हूँ,
अपनी ही धुँन में रहता हूँ,
मै घूमता फिरता रहता राही हूँ।

मै राही हूँ,
मै कलम का सिपाही हूँ।।

फ़िक्र नहीं मुझे कल की,
मै आज मैं विश्वास रखता हूँ,
कल क्या हो जाए, पता नहीं मुझको,
इसलिए वर्तमान में मै विश्वास रखता हूँ।।

मै राही हूँ,
मै कलम का सिपाही हूँ।।

जिंदगी का क्या है भरोसा,
कल क्या होगा, किसने देखा,
मौत से नहीं मै डरता हूँ,
मौत की फ़िक्र नहीं करता हूँ।

मै राही हूँ,
मै कलम का सिपाही हूँ।।

मेरा अपना एक अलग ही फंडा है,
एक हाथ में लेखनी और,
एक हाथ में तिरंगा झंडा है,
इसी में विश्वास मै करता हूँ।

मै राही हूँ,
मै कलम का सिपाही हूँ।।

✍ राही राज

कौन कहाँ तक चलता है

आज़ादी के दीवानो,
सांसें बुझने को है,
अंतिम घड़ी आने वाला है,
देखना है देश की खातिर,
कौन कहाँ तक चलता है।

मशाल उठाना जरूरी है
देश को बचाना जरूरी है,
वतन के खातिर,
पहले कौन अब निकलता है।

देश की खातिर,
कौन कहाँ तक चलता है।

एक ही नारा, एक ही झंडा,
तिरंगा के लिए
शहीद होने के लिए
अब कौन घर से निकलता है।

देश की खातिर कौन,
बिगुल फुकने कौन निकलता है,
कौन सबसे आगे रहता है,
कौन कफन बांधकर निकलता है।।

देश की खातिर,
कौन कहाँ तक चलता है।।

मातृभूमि

मै स्वाभिमान का जलता दीपक,
डरता नहीं निक्कमों से,
मै स्वच्छँद वातावरण में विचरण करनेवाला,
रहता हर वक़्त, तीर कमानों से, ।

मेरा वतन, मेरा चमन,
गूँजता रहे आजादी के नारों से,
जहाँ भी जाएँ, तिरंगा लहराएँ,
मातृभूमि के गुणगानों से।

कोई मुझे पर ऊँगली उठाए,
यह हमें मंजूर नहीं,
देश के लिए हम मर मिट जाएँ
यह सौदा मंजूर हमें।

कई बिभीषण छिपे बैठे है,
उन्हें निकालना जरूरी है,
मातृभूमि के कलंक है वो,
सबक सीखना जरूरी है।

चापलूसी मेरे रग में नहीं,
बस इतना ही मैं कहता हूँ,
तिरंगे की शान में जो आ जाए,
उसे कुचलना चाहता हूँ।

चाहत मेरी बहुत छोटी है,
देश स्वाभिमान से चलता रहे,

बलिदानी की कसम है तूझको,
पुरे विश्व में, भारत का डंका बजता रहे।

✍ राही राज

तिरंगा पूछ रहा है

कहाँ गए वो लाल देश के,
जिस पर तिरंगा गौरव करता था,
जो देश की खातिर, मर मिटने को,
अपनी शीश कटाया करता था।।

क्या अब कोई बचा नहीं,
जिस पर मै अब गर्व करूँ,
क्या माताओं ने दूध पिलाना छोड़ दिया,
जिसके लिए मैं पश्चाताप करूँ।।

तिरंगा पूछ रहा है।

कहाँ गए वो नेता जिन पर,
भारत माँ का विश्वास होता था,
कहाँ गए वो नेता जो,
गद्दारों को सबक सीखता था।

आज भारत माँ बिलख रहीं है
कोई देखने वाला नहीं है,
भारत माँ के बेटे की,
अब कोई क़ीमत नहीं है।

तिरंगा पूछ रहा है।

कहाँ गए वो सैनिक जिनपर,
देश की बागडोर थी,

आज चीन पाकिस्तान फुदक रहा,
क्या ऐसी पहले उनकी हिम्मत थी।

नेपाल भी अब सर चढ़कर बोल रहा है,
मेरी खाकर मुझको आँख दिखा रहा है,
कहाँ गए वह लाल देश का,
आज तिरंगा पूछ रहा है।

✍ राही राज

चमन हमारा है

यह चमन हमारा है
यह वतन हमारा है,
आँखों मे बस एक सपना है,
हर दिन तिरंगा लहराना है,

जिसे हकीकत बनाना है।

यह देश हमारा है,
हम भारतवासी है,
आँखों मैं बस एक हीं सपना है
जन गण मन ही गाना है,

जिसे हकीकत मैं गाना है।

कश्मीर से कन्याकुमारी तक,
हम एक है, एक हमारा देश है
भारत कों आगे ले जाना है,
विश्व के मानचित्र पर सर्वोत्तम बनाना है,

हर दिन तिरंगा लहराना है।

✍ राही राज

जन गण मन

ये जीवन एक दर्पण है,
इस जीवन का, संघर्षपूर्ण तर्पण होता है।।

बहुत ही मुश्किल, जीवन लगता है,
जब जीवन का, लोकार्पण होता है।।

इंसान व्याकरण में उलझ जाता है,
जब इंसान का पदार्पण होता है।।

अपनापन तो सिर्फ दिखावा है,
दो दिलों का सिर्फ, अनावरण होता है।।

इंसान सिर्फ और सिर्फ, माल्यार्पण करता है,
इंसान का इंसान से, संगम कठिन होता है।।

जब जब विकाश की बातें होती है,
सभ्यता और संस्कृति का अर्पण होता है।।

हर इंसान के कण कण में भारत बसता है,
हिमालय से कन्याकुमारी तक प्रकृति का दर्शन होता है।।

जन जन की इतनी ही अभिलाषा होती है,
जन गण मन में, हर भारतीय का विश्वास होता है।।

✍ राही राज

हिंदी ही मेरी हस्ती है

जन जन की यह भाषा है,
कण कण में यह बस्ती है,
जन गण मन से गुणगान हूँ करता,
हिंदी ही मेरी हस्ती है।।

बहुत मधुर है, बहुत प्रिय है,
भारत मैं हिंदी बोली जाती है
चारो लोक मैं फ़ैल रहा है,
ऐसी ही हिंदी की हस्ती है।।

बापू की यह धरती है,
राम कृष्ण से सजती है,
बुद्ध नें जहाँ जन्म लिया है,
ऐसी भारत की हस्ती है।

जाने कितने धनुर्धर आए,
कर्ण भी आए, अर्जुन भी आए,
द्रोपदी की लाज बचाने कृष्ण भीआए,
हिंदू, हिंदुस्तान की ये बस्ती है,
बस यहां हिंदी मैं ही मस्ती है।।

✍ राही राज

हिंदी

हिंदी में
हिंदी से,
हिंदी पर,
हिंदी के लिए लिखता हूँ।।

हिंदी के लिए,
हिंदी की रक्षा के लिए,
हिंदी के लिए जीता हूँ मैं,
हिंदी के लिए कुछ भी क़र सकता हूँ।।

हिंदी को पढ़ता हूँ मैं,
हिंदी मे लिखता हूँ मैं,
हिंदी में बोलता हूँ मैं,
अपनी मातृभाषा के लिए समर्पित रहता हूँ।।

मेरा दृष्टिकोण एक ही है,
हिंदी ही मेरी आबरू है,
हिंदी विकास की थैली है
हिंदी ही मेरी जीवन शैली है,
हिंदी लिखकर जीवन को सार्थक करता हूँ।।

हिंदी भारत की भाषा है,
हिंदी हिन्दोस्तान की भाषा है,
हिंदी सभी भाषा का सम्मान करती है,
हिंदी मेरी माँ है तो अन्य भाषा मेरी मौसी है।।

हम हिंद देश के वाशी हैं,
यहीं मथुरा और काशी है,
हिंदी हमारी मान, शान और जान है,
हिंदी ही मेरी पहचान है, अभिमान है।।

✍ राही राज

भारत बंद

भारत बंद से अब काम नहीं चलेगा,
कुछ ठोस और कठोर निर्णय लेना होगा।।

न्याय के सहारे काम नहीं होगा,
न्याय के आँखों में पट्टी जब है,
तो कैसे भला काम अब होगा,
बहुत देर हो जाएगा।।

कुछ ऐसा काम करना होगा,
अपराध और अपराधी के मन में,
एक डर उतपन्न करना होगा,
बिना देर किए सीधे,
फाँसी पर लटकाना होगा।।

बहुत हो गया,
बहुत अन्याय हो चुका है,
बहुत न्याय का तरीके देख चुका हूँ,
अब तो सीधे गोली मारो, यही बचा है।।

कुत्ते जब पागल होता है,
तो गोली मार देते है,
इंसान बलात्कारी हो तो,
सूली पर लटकाना जरूरी होता है।।

भारत बंद से अब काम नहीं चलेगा,
कुछ ठोस और कठोर निर्णय लेना होगा।।

✍ राही राज

मतदान

मतदान लोकतंत्र का अनमोल पर्व है,
आपका निर्णय बिलकुल स्वतंत्र है,
लेकिन हमें यह बात भी ध्यान रखना है,
भारत वर्ष का मान भी हमें बढ़ाना है।।

देश की बागडोर किसी ऐसे हाथो में देना है,
जो निर्भीक हो, निष्पक्ष हो,
हर निर्णय को सोच समझ क्रर करना है,
मान, मर्यादा और सम्मान को देखना है।।

पक्ष और विपक्ष सबों को लेकर चलना है
तालमेल सबों से रखना है,
आसमाँ में उड़ना है मगर,
पाँव को जमीं पे रखना है।।

देश बढ़ेगा, हम बढ़ेगँ,
विश्व के मानचित्र पर हम दिखते रहना है,
मिलजुलकर हमें रहना है,
और विश्व गुरु भी बनना है।।

सरकारें आती जाती रहेगी,
देश जिंदाबाद रहना चाहिए,
मतदान सबसे बड़ा दान है,
देश आबाद रहना चाहिए।।

✍ राही राज

अखंड भारत हम अखंड भारत है

हम भारत वर्ष हैं
हम आर्यावर्त है,
हम अपनी महत्ता समझते है।।

हम ईश को शीश नवाते है
हम राम नाम के गुण गाते है,
हम प्रेम का ज्योत जगाते हैं,
हम गीत खुशी के गाते है।।

हम राम रहीम को समझते हैं
हम भेदभाव नहीं करते हैं,
हम हिंदू मुस्लिम नहीं करते हैं,
हम जीवन का मूल्य समझते हैं।।

हम जीवन का दर्शन करते हैं,
हम गँगा को पावन कहते है,
हम चंदा सूरज को पूजा करते हैं,
हम अखंड ज्योत जलाते हैं।।

✍ राही राज

प्रेम

हमारी कहानी

शुक्र है कि इस उम्र में, देखा है तुम्हें,
जवानी में देखता तो कुछ और ही बात होती,
हम, हम नहीं रहते, तुम, तुम नहीं रहते,
मेरी तुम्हारी कहानी, हर जुवान पर होती।

कुछ शायरी होती, कुछ गजल भी लिखता,
हर पल तेरी यादों में मैं खोया ही रहता,
लैला मजनू, हीर रांझा से अलग हटकर,
तेरी मेरी जीवंत कहानी होती।

प्रेम के किस्से, कुछ इस तरह होते,
हर कोई मुझे, वर्षों तक याद करते,
फिर भी कोई बात नहीं है,
तुम जब से मिली, प्रेम की बातें है होती।

✍ राही राज

डायमंड

मुझे डायमंड नहीं चाहिए,
मेरा डायमंड तो सदा मेरे साथ ही रहते हैं,
मैं जब चाहूं जहां भी पुकारूँ, चल देते हैं,
हर वक्त मेरे साथ चलने को तत्पर रहते है।।

मेरा डायमंड, मेरे सुख दुख का साथी हैं,
हमसफर है, हर सफर में साथ रहते हैं,
नहीं झिझकते, नहीं कुछ कहते,
मेरा डायमंड मेरे विश्वास पर खड़ा उतरतें हैं।।

मेरा डायमंड 24 कैरेट शुद्ध है,
अपनी शुद्धता की गारंटी देते है,
मेरे अरमानों को पंख और परवान देते हैं,
मेरा डायमंड है, सिर्फ मेरा होकर रहते हैं।।

एक खूबी है मेरे डायमंड में,
थोड़ा बातूनी है, किसी से भी बातें करते हैं,
महिलाओं को साहित्य के लिए, प्रोत्साहित करते हैं,
मेरा डायमंड, साहित्य के लिए सदा समर्पित रहते हैं।।

हमें लगता है कभी कभी,
मेरे डायमंड बिन मतलब बातें करते हैं,
जब देखो तब, बढ़ा चढ़ा कर बातें करता है,
मगर ऐसा नहीं है, हर महिलाओं को उत्साहित करते हैं,
दिन भर कहीं रहे, शाम को मेरे साथ रहते हैं।।

✍ राही राज

गुप्त प्रेम

प्रेम है मगर ये गुप्त प्रेम है,
शादीशुदा हैं मगर फिर भी प्रेम है।।

मन का मिलन है, कुछ तो बात है,
दिल की बात है, मद भरी रात है
मन में उन्माद है, सांसों में सांस है,
ये विश्वास का प्रेम है, ये अहसास का प्रेम है।।

ये गुप्त प्रेम है।।

बिछड़ा हुआ प्रेम है, अद्भुत प्रेम है,
प्रेम में उमंग है, दिल में तरंग है
सोया हुआ प्रेम है, खोया हुआ प्रेम है,
सिया राम सा प्रेम है, राधा कृष्ण सा प्रेम है।।

ये गुप्त प्रेम है।।

ये प्रेम, सावन की रात है,
ये प्रेम, पतझड़ में बाहर है,
ये प्रेम, सोलहो श्रृंगार है,
ये प्रेम, जीवन का आश है।।

ये गुप्त प्रेम है।।

इस प्रेम में गरिमा है,
इस प्रेम की महिमा है,

इस प्रेम की सीमा है,
इन सब में रीमा है।।

प्रेम है मगर ये गुप्त प्रेम है,
शादीशुदा हैं मगर फिर भी प्रेम है।।

✍ राही राज

हमें फर्क नहीं अब पड़ता है

दुनियाँ मेरे बारे में कुछ भी सोचे,
हमें अब फर्क नहीं पड़ता है,
अपना पराया कुछ भी बोले,
हमें अब फर्क नहीं पड़ता है।।

हमको तुमसे प्रेम है तो है,
दुनियाँ को क्यों अखरता है,
दुनियाँ मेरे बारे में कुछ भी सोचे,
हमें अब फर्क नहीं पड़ता है।।

जिसको जो सोचना है सोचे,
हमें असर नहीं होता है,
दुनियाँ मेरे बारे में कुछ भी सोचे,
हमें अब फर्क नहीं पड़ता है।।

सारा जग बैरी हो जाए,
क्या ही फर्क पड़ता है,
दुनियाँ मेरे बारे में कुछ भी सोचे,
हमें अब फर्क नहीं पड़ता है।।

हाँ हमको तुमसे मुहब्बत है,
क्यों किसी को आग लगता है,
दुनियाँ मेरे बारे में कुछ भी सोचे,
हमें अब फर्क नहीं पड़ता है।।

हाँ, हम लैला मजनू हैं,
हाँ हम दो दीवाने हैं,
हाँ हम परवाने हैं,
दुनियाँ को असर क्यों होता है।।

दुनियाँ मेरे बारे में कुछ भी सोचे,
हमें अब फर्क नहीं पड़ता है।।

✍ राही राज

जिंदगी का सफर

मुस्कुराने का हमें, बहाना मिल जाता,
गर तुम्हारी तस्वीर, हमें मिल जाता,
ना सुर होता, ना साज होता, ना संगम होता,
फिर भी हमें मुस्कुराने का, बहाना मिल जाता।।

जिंदगी का सफर कट जाता,
गर तुम्हारा, हमारा साथ हो जाता,
गर तुम्हारा प्रयास होता, प्यार होता,
तो हमारे जीवन में रंग भर जाता।।

काश ! मैं तुम्हें देख पाता,
हमारे जीवन में भी सावन आ जाता,
हमारे आनंद का ठिकाना नहीं रहता,
मेरे किस्मत का सितारा चमक जाता।।

अनायास ही सही,
गर, तुमसे बात हो जाता,
जिंदगी हमारा मुक्कमल हो जाता,
तुमसे प्रेम करने का, ठिकाना मिल जाता।

✍ राही राज

प्रेम

जिसका नाम प्रेम है,
वो कितना सुंदर होगा,
वो सुंदर हो ना हो
उसका प्रेम जरूर बेहतर होगा,
प्रेम मोम से पत्थर भी हो जाए,
फिर भी प्रेम उसका बेहतर होगा।।

प्रेम अनपढ़ है,
दस्तखत नहीं है करता,
हर बात को समझता है,
मगर हस्ताक्षर नहीं हैं करता,
चाहे कुछ भी हो जाए,
मगर नफरत नहीं है करता।।

प्रेम जिंदगी है,
प्रेम जिंदगी का मतलब है समझता,
प्रेम फिजूल की बातों में नहीं पड़ता,
प्रेम पहली है,
प्रेम अपनी सहेली को है ढूंढता,
प्रेम अपनी निशानी को है खोजता।।

प्रेम कहानी है,
प्रेम जवानी को कायम है रखता,
प्रेम कभी बूढ़ा नहीं होने है देता,
प्रेम जीवन है,
प्रेम अपनी संगिनी को है समझता,

प्रेम अंतहीन है,
प्रेम किसी से नफरत नहीं है करता।।

जिसका नाम प्रेम है, कितना सुंदर होगा,
प्रेम मोम से पत्थर हो जाए, फिर भी बेहतर होगा।।

✍ राही राज

प्यार नसीब से होता है

प्यार नसीब से होता है,
प्यार मोहताज नहीं होता है।।

हर किसी को प्यार नसीब नहीं होता है,
हर किसी को, यार नसीब नहीं होता है
मुस्कुराता हुआ चेहरा, सभी को चांद लगता है,
जहां खुशी मिले, वहीं पर पूरा संसार होता है।।

दिल से जो मुस्कुरा दे, वहीं आफताब होता है,
आशिकी से जो मिले, वहीं दिलदार होता है,
प्यार करने की कभी कोई सीमा नहीं होती है,
सफर में जो साथ देता है, वही सरदार होता है।।

हर कोई समझ नही पाता, क्या कहना चाहता हूँ
ये दिल का रोग होता है, जिसे प्रेम रोग कहता हूँ
जो मन को पढ़ ले, पढ़ कर जो कविता लिखे दे,
वही कवि, कहानीकार, वही कलमकार होता है।।

हर किसी पर, हर किसी को विश्वास नहीं होता है,
हर किसी से, हर किसी को प्यार नहीं होता है,
कहीं मनबंध होता है, तो कहीं संबंध होता है,
जहाँ अहसास होता है, वहीं पर प्यार होता है।।

किराए पर मिलने वाले को, किरदार कहते हैं
समझ से जो कम ले, उसे समझदार कहते हैं,
नि:स्वार्थ जो साथ निभाए उसे दोस्त कहते हैं,
जिंदगी भर जो साथ रहे उसे ही प्यार कहते हैं।।

प्यार नसीब से होता है,
प्यार मोहताज नहीं होता है।।

✍ राही राज

प्यार हुआ है

जब, दो जिंदगी एक, हो जाए तो,
तो समझना प्यार हुआ है,
उस जिंदगी में प्यार की, बरसात हो जाए,
तो समझना प्यार हुआ है।।

जब एक दूसरे को, दोनो समझने लगे,
तो समझना प्यार हुआ है,
प्यार है अनमोल, ऐसा महसूस करे,
तो समझना प्यार हुआ है।।

प्यार में सावन की, फुहार महसूस हो,
तो समझना प्यार हुआ है,
प्यार में जब मिठास, महसूस हो,
तो समझना प्यार हुआ है।।

प्यार जब अंधा हो जाए,
तो समझना प्यार हुआ है,
प्यार के अल्फ़ाज़ में, जब विश्वास आ जाए,
तो समझना प्यार हुआ है।।

प्यार हद से ज्यादा हो जाए
तो समझना प्यार हुआ है,
प्यार जब अपनी पराकाष्ठा पर पहुंच जाए,
तो समझना प्यार हुआ है।।

जब मेहबूब से बात बात पर लड़ाई होने लगे,
तो समझना असली प्यार होने लगा है,
जब आपकी सेहत का महबूबा ध्यान देने लगे,
तो समझना असली प्यार हो गया है।।

✍ राही राज

प्रेम का दीपक

प्रेम का दीपक जलाओ, नफरतों को तुम मिटाओ,
अंधेरा कभी आने ना देना, ऐसी कोई तरकीब लगाओ।।

प्रेम के तुम गीत गाओ, प्रेम की महफिल सजाओ,
अंधेरे को आने ना देना प्यार के दीपक जलाओ।।

नफरत की आंधी चल रही है, ऐसी कोई दीवार बनाओ,
प्रेम को रुकने ना देना, ऐसी तुम रोशनी फ़ैलाओ।।

प्रेम में है अजीब शक्ति, मन में आती गजब भक्ति है,
प्रेम में तुम डूब जाना, ईर्ष्या और द्वेष को मिटाओ।।

मन में अंधेरा आने ना देना, तन को है साथ रखना,
मन बड़ा चँचल है होता, चँचलता को साथ रखना।।

तिमिर से दूर है रहना, प्रकाश से प्रकाशित है होना,
ऐसी दीपक तुम जलाओ, जहाँ ज्ञान की बातें है होना।।

✍ राही राज

ज़िंदगी और मौत

ज़िंदगी और मौत के बीच,
बस थोड़े सा का, ही फासला है,
जिस दिन सांस रुक गई या फिर नस कट गई,
तो आपको ज़िंदगी, मौत का फर्क नजर जाएगा।।

जब तुम ही नहीं रहोगे,
तो क्या खाक रहेगी, ये तुम्हारी दुनियाँ,
सारी ज़िंदगी ही, एक रहस्य है,
हर रहस्य से, पर्दा उठ जाएगा।।

पति पत्नी के बीच भी बस,
थोड़े सा का, ही फासला है,
जिस दिन तलाक हो गया तो,
खुद ही पता चल जाएगा।।

इंसान ही इंसान को पैदा कर,
अपनी पहचान को अंजाम देता है,
इंसान हैवान हो, बेईमान हो,
तो फिर इंसानियत का भेद खुल जाएगा।।

प्रेम और नफरत के बीच,
बस थोड़ा सा ही फासला है,
प्रेम है तो सब ठीक ठाक है,
नफरत हुआ तो जंग छिड़ जाएगा।।

ये जिंदगी एक खूबसूरत सफर है, राही,
मुसाफिर बनकर ही रहने में ही फायदा है,
इस जिंदगी को राज़ रखो, तो बेहतर है,
नहीं तो ये जिंदगी, मुश्किल में पड़ जाएगा।।

✍ राही राज

वो पराई है

वो पराई है, फिर भी इस दिल को प्यारी है,
वो शादीशुदा है, एक खूबसूरत नारी है,
उसके चर्चे खूब सुन रखे हैं हमने,
उसने मेरे दिल में आकर जगह बनाई है।।

आजकल वो मेरे सपनों में,
बिन पूछे आ जाती है,
वो मेरा शिकार कर जाती है,
मेरे दिल पे दस्तक देकर चली जाती है,
हमने भी इक ख्वाब उनके साथ सजाई है,
सच कहता हूँ, वो मेरी हौसला अफ़जाई है।।

मेरा दिल भी,
अब दिल नहीं रहा अब तो,
वो लगती है जैसे कोई मेरी परछाई है,
उसके नखरे भी अब मुझको, अच्छे लगते हैं,
क्योंकि, उसने भी मुझसे दिल लगाई है।।

उसकी नीयत में खोट नहीं है,
फिर भी प्यार करने की तोहमत उठाई है,
वो मेरी कुछ नहीं लगती,
फिर भी उसने मुझसे भरपूर प्रेम दिखाई है।।

वो पराई है, फिर भी इस दिल को प्यारी है,
वो शादीशुदा है, एक खूबसूरत नारी है।।

✍ राही राज

करवा चौथ

नर से नारी का मिलन है करवा चौथ,
आत्मा से परमात्मा का मिलन है करवा चौथ।।

जिंदगी की शान है करवा चौथ,
मन का आनंद, खूबसूरत पर्व है करवा चौथ।।

दिल का सकूं है करवा चौथ,
मन का विश्वास है करवा चौथ।।

हर सुहागिनों का सुहाग है करवा चौथ,
हर सुहागिनों का त्योहार है करवा चौथ।।

मन का मिलन और प्यार का रूप है करवा चौथ,
चाँद से चाँद का मिलन है करवा चौथ।।

प्रेम और सौंदर्य का रूप है करवा चौथ,
हर पत्नी का पति के विश्वास है करवा चौथ।।

खुशियों की सौगात है करवा चौथ,
प्यार की बरसात हैं करवा चौथ।।

✍ राही राज

आँखें हर दिन तुम्हारी आंखों से मैं देखता हूं

जो तेरी आंखों से देखता हूं, खुद से नहीं देखता हूं,
तुम्हारा समर्पण देखा, तुम्हारा अर्पण देखा,
तुम्हारी आंखों में हरदिन, नया करिश्मा देखता हूं।।

तुम्हारी, इस झील सी आंखों में,
हमने प्रेम को उमरते हुए देखा है,
तुम्हारी इस मद भरी आंखों में,
हमने प्रेम को पलते देखा है,
तुम्हारे संग हमने जीना मरना सीखा है,
सागर से नदिया को मिलते देखा है।।

ये राही प्रीत की जोड़ी है,
सुर, साज और आवाज़ की जोड़ी है,
कभी खुशी, कभी गम की जोड़ी है,
यह दीवानों की जोड़ी है, यह परवानों की जोड़ी है।।

प्रेम का अद्भुत रूप है, प्रेम का मधुर संगीत है,
जितना भी देखा हमने, उतना कभी नहीं देखा,
तुमने देखा, हमने देखा और किसी को नहीं देखा,
मुझे तुममें आज भी वह चांद दिखाई देता है,
प्रेम जो तुझमें देखा, वो और किसी में नहीं देखा।।

✍ राही राज

कोई तो है

इक खूबसूरत, हसीन, मासूम सा चेहरा है,
कोई तो ऐसा इंसान है, जो मेरा अपना है।।

कोई तो है जो मेरा हाल चाल पूछ लेता है
कोई तो है, जो मेरे दिल पे, दस्तक देता है।।

हर दिन, वो कहीं न कहीं मुझे दिख जाता है
सुबह, सवेरे और शाम, वो दिखाई देता है।।

मेरे आस पास ही कहीं, वो रहता है।।
मुझको, मेरा ही परछाई, दिखाई देता है।।

जब वो, हमारे साथ साथ, चलता है,
हमें ऐसा लगता, हमसफर चलता है।।

जहां तक निगाहें जाती है, वो ही दिखाई देता है,
उसके बिन, मन का एक कोना, खाली रहता है।।

उससे मुझे प्रेम की अनुभूति होती है,
उसे देख मेरी, साहस चौगुनी होती है।।

मैं जब जब बीमार रहती हूं, हालचाल पूछ लेता है,
उसके बिन, मुझे मंदिर भी सुना सा लग जाता है।।

✍ राही राज

प्रीत

तुमसे दिल लगाया, तो शिकायत किस से करें,
सिलसिला तुमसे चला है, शिकवा कैसे करे।।

प्रेम तुमसे किया है, तो समर्पण किस से करें,
प्रेम की डगर कठिन है, अर्पण कैसे करें।।

दिल तुम्हें दिया है, दिल की बात किस से करें,
दिल नहीं है मानता, दिल का तर्पण, कैसे करें।।

मन नहीं है मानता, तेरे सिवा किसी को नहीं है जानता,
तुम ही कुछ बताओ, मन का समर्थन कैसे करें।।

प्रीत से दिल लगाया, प्रीत ने प्रेम जगाया,
तुम ही कुछ बताओ, प्रीत का विवेचन कैसे करें।।

आत्मा तुम हो मेरी, नस नस में बसी हुई हो,
तुम ही कुछ बताओ, आत्म समर्पण कैसे करें।।

राही सड़क पर खड़ा है, राह देख रहा है,
राज बहुत ही गहरा, मार्गदर्शन कैसे करें।।

✍ राही राज

रिश्ता

एक रिश्ता है

एक रिश्ता है, हमारा और तुम्हारा,
जो बार बार दिल से, याद करता है,
खून का नहीं है, रिश्ता, फिर भी,
दिल से बेपनाह याद, तुमको करता है।

सुबह उठते ही, याद तुम्हारी आती है,
तुम्हें देखने की चाहत, मन में जग जाती है,
तुम्हारा एक बात हमें, बहुत ही खलता है,
तुम्हारे माथे पर जब, टिकुली नहीं रहती है।

प्यार है बस तुमसे, बस इतना ही मैं कहता हूँ,
उम्र का फासला, मायने नहीं रखता है,
शादीशुदा जिंदगी है, ये अलग बात है,
तन का नहीं प्यार, मन का प्यार हमेशा रहता है।

हर वक्त तुम्हारा चेहरा, दिल में उतरता है,
जिंदगी चलती रहे, यूँ ही, बस इतना कहता हूँ,
तुम्हें देखने की चाहत, मन में रहती है,
ये बात एक बार नहीं, हजार बार कहता हूँ।

✍ राही राज

बेटी की बिदाई

बेटी की बिदाई है,
कोई मामूली बात नहीं है,
घर की लक्ष्मी है,
घर से लक्ष्मी का जाना थोड़े ही है।।

तुम्हारे मायके से, जाने का गम,
मुझे तोड़ देता है, मुझे निचोड़ देता है,
मन को मरोड़ देता है, मन को झकझोंर देता है,
घर घर नहीं रहता है, रेगिस्तान हो जाता है।।

मगर वक्त का तकाजा है, समय की माँग है,
तुम्हारे ससुराल में बसना ही,
मेरे मन में, शांति पैदा करता है,
खुशी पैदा करता है, आह्लादित कर देता है।।

तुम्हारे ससुराल पहुंचने की खुशी,
उनको उनसे जोड़ देता है,
बेशक एक तरफ मुझे गम मिलता है,
मगर अगले ही पल तुम्हारी जिंदगी शुरू होती है।।

तुम्हारा हमारा बाप बेटी का संबंध,
यही तक रहता है,
तुम दूधो नहाओ पूतो फलो,
इतना मेरा आशीर्वाद रहता है।।

तुम्हारे जिंदगी में,
एक नए जीवन का शुरुआत होता है,
एक राजकुमार का आगमन होता है,
जो तुम्हारा बहुत ही बेचैनी से इंतजार करता है।।

हमें, तुम्हारा राज कुमार के साथ देखना,
अच्छा लगता है,
तुम्हारी इसी कामयाबी पर,
हर पिता अपनी बेटी को बधाई देता है।।

✍ राही राज

मेरी बेटी झांसी की रानी है

मेरी बेटी झांसी की रानी है,
नहीं किसी से डरने वाली है,
जीत जिसके, आगे आगे है चलता,
नहीं किसी से हारने वाली है।।

मेरी बेटी झांसी की रानी है।।

मेरी बेटी महदेवी वर्मा है,
साहित्य का अलख जगाती है,
साहित्य को जीती है,
और साहित्य सुधा बरसाने वाली है।।

मेरी बेटी झांसी की रानी है।।

मेरी बेटी इंदिरा गांधी है,
मेरी बेटी आयरन लेडी है,
अनुशासन का पालन है करती,
और अनुशासन में रहने वाली है।।

मेरी बेटी झांसी की रानी है।।

मेरी बेटी मदर टेरेसा है,
मेरी बेटी ममता की मूरत है,
वो अपनी माँ की तरह दिखती है,
उसकी सूरत भोली भाली है।।

मेरी बेटी झांसी की रानी है।।

मेरी बेटी सुषमा स्वराज है,
मेरी बेटी हर दिल की आवाज है,
उनके कदमों पर चलती है,
वो हकीकत के लिए लड़ने वाली है।।

मेरी बेटी झांसी की रानी है।।

✍ राही राज

बेटियां

अपनी हो या,
दूसरी की जाया हो,
कहलाती तो बेटियां ही हैं।।

बहु हो या
फिर बेटियां,
कहलाती तो बेटियां ही हैं।।

मानो तो देव
नही तो पत्थर,
दुर्गा, सरस्वती सभी
बेटियां ही तो हैं।।

आशा तो बेटियों से ही है,
बहू को समझो बेटी तो,
कहलाती तो बेटियां ही है।।

जीवन का श्रृंगार
मन का उद्‌गार
बेटियां ही तो हैं।।

मन की मीत
जीवन संगीत,
राही की प्रीत,
किसी की बेटियां ही तो है।।

बुढ़ापे की लाठी,
जीवन साथी,
किसी की बेटियां ही तो है।।

✍ राही राज

स्त्री मन

स्त्री का मन, एक यात्रा है,
स्त्री के मन तक्र पहुंचना आसान नहीं है,
पहुँच भी गर गए तो,
स्त्री को समझना, इतना भी आसान नहीं है।।

स्त्री तो जल समान है, स्त्री तो अक्षय पात्र है,
जिस पात्र में रखो, उसमें रह लेती है,
अनेकों गम सहती, चुप रह लेती है,
थोड़े में भी बहुत कुछ क्रर लेती है।।

स्त्री का मन, एक कोना खाली होता है,
स्वार्थहीन गर प्यार मिले तो, कोना खोल देती है,
स्त्री पुरुष मन पढ़ती है, बिना उसकी इजाजत के,
कोई उसके तन को छुए, तो चीर फाड़ क्रर देती है।।

स्त्री का मन, बहुत ही कोमल होता है,
स्त्री का मन, बहुत ही भावुक होता है,
स्त्री का मन, बहुत ही नाजुक होता है,
स्त्री मर्द के चेहरे को बखूबी पढ़ लेती है।।

स्त्री का मन,
भी प्यार करने को करता है,
स्त्री का मन,
गर प्यार हुआ तो दिल खोलकर रख देता है।।

स्त्री का मन,
प्यार के साथ, अधिकार खोजता है,
स्त्री अपने अधिकार के लिए,
स्त्री हठ पर उतर आती है, लड़ जाती है।।

स्त्री एक माँ होती है, एक बहन होती है,
स्त्री एक बेटी होती है, एक पत्नी होती है,
और प्रेमिका भी होती है, स्त्री प्रेम करती है,
तो सारी दुनियाँ को भूल जाती है।।

स्त्री माया है, स्त्री एक खूबसूरत काया है,
कितना भी पुरुष गुणवान हो, चरित्रवान हो,
स्त्री माया और काया से ही तो,
पुरुष के दिमाग़ का अपहरण क्रर लेती है।।

स्त्री की भी कुछ मजबूरी होती है,
वो भी प्यार खोजती रहती है,
प्यार के साथ साथ व्यवहार खोजती है,
स्त्री, एक की होकर ही रहना चाहती है।।

स्त्री शादीशुदा होकर भी,
कुछ अलग किस्म की होती है,
पुराना प्यार अगर जग गया तो,
शादीशुदा बंधन को भी तोड़ क्रर चल देती है।।

स्त्री का मन, बहुत ही पवित्र होता है,
एक इंसान मर्द को गर मित्र बनाती है,
उस इंसान का, जिसका चरित्र प्रभावशाली हो, तो,

उसके बच्चे की माँ बनना, पसंद करती है।।
स्त्री मन कोमल,
और हृदय विशाल होता है,
स्त्री दिल से जिससे प्यार करती है,
अपना सबकुछ सौंप देती है।।

स्त्री पर जितना चर्चा हो, कम ही लगता है,
स्त्री पर जितना चर्चा हो, धर्म ही लगता है,
स्त्री यूँ ही नहीं, घर परिवार की धुरी कहीं जाती है,
स्त्री समर्पण और समर्थन की देवी कहलाती है।।

स्त्री का मन, एक यात्रा है,
स्त्री के मन तक्र पहुंचना, आसान नहीं है,
पहुँच भी गर गए तो,
स्त्री को समझना, इतना आसान नहीं है।।

✍ राही राज

रिश्ता

रिश्तों का अहसास है मुझे,
सभी रिश्ते तो पास हैं मेरे,
माता, पिता, भाई, बहन,
इस बात का विश्वास है हमें।।

मगर जबसे माता पिता गुजरे हैं,
अब रिश्ते पे विश्वास नहीं है मुझे,
कहने के लिए अपने से लगते हैं,
माता पिता के जाने के बाद,
सभी मतलबी दिखते हैं।।

भाई भी अब बात नहीं करता है,
गोतिया बनकर रहता है
बहन खुद में उलझी रहती है,
खुद के बेटा बेटी में उलझी रहती है।।

पहले ऐसा नहीं होता था,
भाई बहन सभी रहा करते थे,
हम बड़े क्या हो गए,
सभी एक दूसरे से बिछड़ गए।।

अब तो बात करे भी,
जमाना हो जाता है,
अपना होकर भी अब,
सभी बेगाना हो गया है।।

ए कलम,
मन की बात बताऊँ किसको,
तन में बहुत पीड़ा है, दिल का हाल,
तुम ही बता, सुनाऊँ किसको ।।

✍ राही राज

परिवार

परिवार ही सबसे बड़ा धन है,
माँ का स्थान सबसे ऊपर है।।
पिता का सरोकार आजीवन है,
पिता ही जीवन है, संस्मरण है।।
पत्नी पथ प्रदर्शक, मार्गदर्शक है,
पत्नी एक अच्छी दोस्त होती है।।
पुत्र ही सबसे बड़े मित्र होते हैं,
सुनने में कुछ अजीब लगते हैं।।
बेटे हैं, बहू का आना लाजमी है,
बहू का आना बहुत जरूरी है।।
बेटी परी होती है, लाडली होती है,
बेटी पिता की जिंदगी होती है।।
दामाद बहुत ही प्यारा होता है,
हर परिवार का ताज होता है।।
भाई का स्थान का लक्ष्मण होता है,
भाई सर्वोत्तम है, मगर,
समाज बिभीषण बना देता है।।
इस जीवन में प्रेमिका का रहना जरूरी है,
तन का नहीं, मन का मिलना जरूरी है।।
ये सभी परिवार के अंग हैं,
परिवार के भिन्न भिन्न रंग हैं।।

✍ राही राज

पिता

संबंध पिता का बेटी से,
सादगी से भरा होता है,
बेटी के जन्म लेने पर
पिता खुशी से झूम उठता है

पिता का स्थान सर्वोच्च होता है,
पिता बेटी के दिल के बहुत करीब होता है,
पिता पुत्री में एक अजीब सा रिश्ता होता है,
पिता विश्वास का प्रतीक होता है।।

पिता में छल नहीं होता है,
पिता में बल होता है,
पिता बेमिसाल होता है और,
पिता प्रेम का प्रतीक होता है।।

पिता बेटी को डांटते नहीं,
पिता प्रेम से समझाते हैं
पिता परी कहकर बुलाते हैं
और कहानी कविता सुनाते हैं।।

✍ राही राज

बेटी

बेटियाँ घर की लक्ष्मी होती है,
बेटी जब तक छोटी रहती है
बेटियाँ माँ के भरोसे रहती है,
बेटियाँ जब तक घर में रहती है,
माँ की जिम्मेदारी रहती है,
माँ देखभाल खुशी से करती है।।

जैसे ही बेटी घर से निकलती है,
जैसे ही बेटी बड़ी होती है,
पिता सजग हो जाता है,
पिता का त्रिनेत्र खुल जाता है,
सारी जिम्मेदारी बेटी का,
पिता के सर पर आ जाता है।।

बेटी के पढ़ने से लेकर हाथ पीले तक,
बेटी का कन्यादान करने तक,
पिता के कांधे पर रहता है,
पिता हर मोड़ पर खड़ा मिल जाता है,
बेटी के शादी हो जाने के बाद भी,
बेटी के लिए सदा ख्याल रखता है,
बेटी का समर्थन करता है।।

✍ राही राज

माँ

मैं चला भी जाऊँ, बीबी को क्या फर्क पड़ता है,
यहाँ तो मेरे लिए सिर्फ़ माँ का दिल धड़कता है।।
कैसे पाला कैसे पोशा, माँ का दिल ही जानता है,
मेरे रहने ना रहने से बीवी को फर्क नही पड़ता है।।

मेरे लिए माँ, रात दिन एक क्रर देती थीं,
माँ की ममता, बस मेरे लिए सोचती थीं।।
एक भी दिन ऐसा नहीं, माँ पहले खा लेती होंगी,
मुझे सुलाने के बाद ही, माँ को नींद आती थीं।।

बीबी को चाहे बस रुपया, माँ के जैसा दिल कहाँ से लाएगी,
माँ की धुली भी बन जाए, तो बीवी की पाप धुल जाएगी।।
हर माँ का एक ही सपना होता है,
बेटा-बेटी, बस उसका अपना होता है।।

माँ और बीवी में बस यही फर्क है,
माँ अंतरी देखती है, बीवी पोटली देखती है।।
माँ तो बस माँ होती है,
माँ ना नहीं कहती है, हर बात में हाँ कहती है।।

✍ राही राज

स्त्री

उम्र बीता देता है आदमी,
मगर स्त्री को समझ नहीं पाता है,
कभी उसकी सहनशिलता पर गौर करता है,
कभी उसकी चंचलता देख दंग रह जाता है।।

कभी माँ में रम जाता है,
माँ की ममता को परखता रह जाता है,
बहन को समझाने की कोशिश करती है,
मगर समझ नहीं पाता है, हार मान जाता है।।

पत्नी आती है,
कभी प्यार से, कभी तकरार से,
में समय बीत जाता है,
समझ नहीं पाता है।।

आदमी माँ, बहन, और पत्नी की
बातों को नहीं समझ पाता है,
जब बेटी आती है,
हर बात समझने लग जाता है।।

आदमी स्त्री को जितना पढ़े,
पढ़ता ही रह जाता है,
बेटी जो कहें,
उसे वही बात समझ में आता है।।

✍ राही राज

पुरुष

आज पुरुष दिवस है,
कुछ कहने का, मेरा भी मन करता है,
मन में जो भी मेरी वेदना है,
उसपर बोलने का, मेरा भी मन करता है।।

कहते हैं पुरुष बड़ा बलवान होता है,
कहते हैं पुरुष बड़ा धैर्यवान होता है,
हम निरीह पुरुष, कहीं के नहीं होते हैं,
सास बहू के बीच में फंस कर रह जाते हैं,
हम किसी से कुछ भी नहीं कह पाते हैं।।

हम पुरुष भले बाहर में पुरुषत्व दिखाएँ,
घर में भीगी बिल्ली बन जाते हैं,
बाहर हम शहंशाह भी बन जाएँ,,
मगर हम पत्नी से कुछ कहने की,
हिम्मत नहीं कर पाते हैं।।

बात बात पर टोका टाकी होती है,
हर बात को सहन हम कर लेते हैं,
हम पुरुष, झुक कर शीश नवाते हैं,
हम मान सम्मान को बाहर रखकर,
घर में आने की कोशिश करते हैं।।

बहुत दर्द है दिल में मेरे, अथाह पीड़ा है,
इससे आगे हम कुछ, नहीं कह सकते हैं,
आखिर हमें, उसी घर में जाना है,

और कहीं भी, नहीं जा सकते हैं
आप भी मेरी बातों को समझते हैं।।

✍ राही राज

पत्नी और चाय

गौर कीजिएगा, पत्नी बिल्कुल चाय होती है,
हर बार, रंग बिरंगी स्वाद से भरपूर होती है।।

पत्नी दूध वाली चाय की तरह होती है,
तारीफ नहीं करो तो, रोने लग जाती है।।

पत्नी तो चाय की तरह, मदभरी होती है,
हर बार कुछ अलग किस्म से पेश आती है।।

पत्नी कभी लेमन टी, कभी जिंजर टी, जैसी होती है,
हर बार एक नए तरह का फ्लेवर का आनंद देती है।।

पत्नी के पसंद नापसंद का सवाल ही नहीं उठता,
हर सवाल का जवाब, जब देखो, लड़ कर ही देती है।।
पत्नी चाय है, पत्नी मिठाई है,
जो बीपी और सुगर को बढ़ा देती है।।

पत्नी के साथ अगर रहना है तो समझौता करके रहो,
वर्ना जिंदगी को झंड कर देती है जीना मुश्किल कर देती है।।

✍ राही राज

माँ

बेशक मैं, माँ नही तुम्हारी,
तुम्हारी मैं पत्नी हूं,
और तुम्हारे बच्चों की माँ हूं,
माँ को भूल जाना नामुमकिन है
माँ को समझ पाना नामुमकिन है।।

ये क्या हो गया तुम्हें,
कभी तुम मेरे पेट की तारीफ,
करते, नहीं, थकते थे,
आज मेरे पेट को देखकर,
फब्बतियां कसते हो।।

तुम्हें याद नही होगा,
मैं याद दिलाती हूं तुम्हें,
मर्द हो ना, भूल जाते हो,
बहुत जल्दी तुम सभी,
मेरी जैसी ही सुंदर कभी,
तुम्हारी माँ रही होगी।।

उसने तुम्हें जन्म देने के बाद,
तुम्हारी माँ का पेट
ऐसा ही हो गया होगा,
क्या तुम उस माँ को भूले,
अगर भूल गए तो,
कोई बात नहीं है,
मगर नहीं भूले तो
मुझे कैसे भूल गए।।

बेशक मैं, माँ नही तुम्हारी,
मगर तुम्हारे बच्चों की माँ तो हूं,
माँ को भूल जाना नामुमकिन है
माँ को समझ पाना नामुमकिन है ।।

✍ राही राज

पत्नी किसे कहते हैं

जो आपके मन में प्रेम उत्पन्न कर दे,
जो आपके मन को बेचैन क़र दे,
जो आपके अंतरात्मा को झकझोर क़र रख दे,
जो आपको दिल को सकूँ दे, ठंडक दे।।
उसे पत्नी कहते हैं।।

पत्नी हो, मगर प्रियसी सी जो दिखे,
प्रेमिका की तरह बातें करे,
जिसकी कातिल निगाहैं,
आपको सोचने पर विवश क़र दे,
परोसन को भी जो मात दे,
उसे पत्नी कहते हैं।।

हमसफ़र बन,
सफर पर जो सँग सँग चले,
कभी आपको जो तंग नहीं करे,
रात में नेह बनकर गँगा सी जो दिखे,
उसे पत्नी कहते हैं।।

थोड़ी सी तुनुक मिजाज हो, चलेगा,
थोड़ी गुस्सैल सी भी दिखे, दौड़गा,
मगर मन में प्रेम की अथाह सागर रखे,
उस सागर में ज्वार भाटा प्रेम की लहरे उठे,
उसे पत्नी कहते हैं।।

भावना में जिसके प्रीत हो,
उस प्रीत में संगीत हो,
जिसके मन में धीर हो,
व्याकुल ह्रदय मनमीत हो,
उसे पत्नी कहते हैं।

जिसके भाव प्रबल हो,
मानसिक रूप से संतुलन हो,
ममता का संगीत हो,
आचरण में जिसके संवेदना हो,
उसे पत्नी कहते हैं।।

जिसका ह्रदय विशाल हो,
जिसमें विवेचना करने की विशेषता हो,,
जिसमें थोड़ा बहुत गंभीरता हो,
समर्थन हो, समर्पण हो,
उसे पत्नी कहते हैं।।

जिसमें एक आशा की किरण दिखे,
जिसमें निराशा में भी,
आशा की अभिलाषा दिखे,
जिसकी शक्ति अपरमपार हो,
जिसमें प्यार का इंतजार हो,
उसे पत्नी कहते हैं।।

✍ राही राज

मोटिवेशन

मौत की ऐसी तैसी

खुद पर गर नियंत्रण है,
और जिंदगी चाहते हो तो,
मौत की ऐसी तैसी क्रर दो।।

हौसला बनाए रखना,
जूनून को जिंदा रखना,
मौत को पानी पानी क्रर दो।।

पाँव हमेशा जमीन रखना,
हाथ हमेशा अपने साथ रखना,
इस हाथ पाँव को हरियाली दे दो।।

पत्नी, प्रेमिका, और परोसन,
सभी माया है और मायाजाल है,
इसे आसमानी क्रर दो।।

पता नहीं क्रब क्या हो जाए,
क्रब रहे और ना रहे, इसलिए,
इस जिंदगी को जवानी दे दो।।

मौत तो आनी जानी है,
हर इंसान की कहानी है,
इस जिंदगी को रुहानी क्रर दो।।

राही, अनमोल पल चल रहा है,
वक़्त, समय समय पर बदल रहा है,
इस जिंदगी की अपनी एक कहानी लिख दो।।

✍ राही राज

जीवन सार

जीवन का सार है,
यहाँ होता व्यापार है,
सभी कुछ तृष्णा है
मरने के बाद मिलता कृष्णा है।।

कभी तो मुस्कुराया करो,
उदास जिंदगी है मगर
खुशियाँ लाया करो
कुछ भी नहीं है अपना,
बाल बच्चे पति पत्नी
सभी माया के जाल हैं,
यह शरीर भी नहीं है अपना,
इसीलिए जब तलक जियो
आनंद में रहो।।

पैसा कौरी सभी क्षण भंगुर है
हम जब तलक जीवित हैं
तभी तलक है,
माया, मोह और मोहब्बत,
ये सभी हकीकत नहीं है,
महज मकरजाल है,
आत्मा अमर है,
इसीलिए जब तलक जिओ,
खुशी खुशी बिताया करो।।

✍ राही राज

हम और तुम

हम और तुम एक नहीं है,
फिर भी एक होना चाहते है,
शादीशुदा हमदोनों हैं और,
दुनियाँ वालों से डरते हैं।।

जिंदगी का एक सच यह है कि
हम तुमसे बेइंतहा प्यार करता हूँ,
जिंदगी का दूसरा सच यह है कि,
तुम उस प्रेम को नहीं समझती हो।।

जिंदगी का तीसरा सच यह है कि,
हम जहाँ भी जाते हूँ तुम मेरे साथ रहती हो
जिंदगी का चौथा यह है कि
तुम मेरे आसपास ही कहीं रहती हो,।।

जिंदगी पांचवाँ सच यह है कि
तुम मुझे ना चाहते हुए भी,
प्यार बेसुमार करती हो,
जी जान से मुस्कान के साथ, बात करती हो।

जिंदगी का छठा सच यह है कि
तुम मेरे साथ समय बिताना चाहती हो,
जिंदगी का सातवां सच यह है कि,
हम दोनों हमसफ़र होना चाहते हैं।।

जिंदगी का आठवाँ सच यह है कि
हमदोनों पति पत्नी की तरह नहीं,
एक दोस्त की तरह रहना चाहते हैं,
हमदोनों बेमिसाल बनना चाहते है।।

✍ राही राज

तीसरी आँख

मानो या ना मानो पत्नी तीसरी आँख होती है,
हर तरह के सुख दुख में वो सदैव साथ होती है।।

मुसीबत जब आन पड़े तो पत्नी ढाल बन जाती है,
आपके आगे पीछे सदैव परछाई बनकर रहती है।।

पत्नी से एक जन्म का रिश्ता नहीं रहता है,
पत्नी से तो जन्म जन्म का रिश्ता रहता है।।

पत्नी हमसफ़र है, पत्नी दोस्त है पत्नी प्रेमिका है,
पत्नी हर तरह का रोल बखूबी अपना निभाती है।।

पत्नी पति के लिए, सावित्री भी बन जाती है
पत्नी पति के लिए हाड़ी रानी रूप दिखाती है।।

पत्नी के ममता के कई रूप दिखाती है,
पत्नी पति के लिए स्वयं से भी लड़ जाती है।।

पत्नी शांत रहती है मगर तीसरी आँख खोल दे,
तो प्रलय आ जाता है, भूचाल हो जाता है।।

✍ राही राज

अक्सर

अक्सर मेरे साथ ऐसा होता है,
अक्सर बिन बात के शंका होता है
जो होना होता है वही होता है,
मेरे सोचने से क्या ही होता है।।

अक्सर डरी डरी सी मैं रहती हूँ,
अक्सर मर मर के जीती हूँ,
तुम कहीं छोड़कर तो ना जाओगे,
तुम छोड़ दोगे तो मेरा क्या होगा ?

अक्सर मैं इसी फ़िक्र में रहती हूँ,
तुम्हारे ही बारे में मैं सोचती रहती हूँ,
जानते हो अक्सर ऐसा क्यूँ होता है,
क्यूँकि मैं बेइंतहा तुमसे प्यार करती हूँ।।

तुम नहीं समझ सकोगे,
मेरे प्यार को अभी,
तुम तन चाहते हो,
मैं मन चाहती हूँ।।

कुछ पल और गुजरने दो,
एक ऐसा भी पल आएगा,
जब तुम भी मुझको तन से नहीं,
मन से चाहने लगोगे।।

यूँ ही नहीं कहते लोग,
लड़कियाँ लड़कों से ज्यादा समझदार होती है,
प्यार बेपनाह करती है अपने पति से,
मगर इजहार मन ही मन करती है।।

प्यार की बात है, इतना भी आसान नहीं है,
हर बात टोका टोकी करते हैं,
किसी पे दिल आना इतना भी आसान नहीं है,
पति पत्नी पहले लड़ते है और फिर प्यार करते हैं।।

अक्सर मेरे साथ ऐसा होता है,
अक्सर बिन बात के शंका होता है।।

✍ राही राज

सड़क

सड़क पर बहुत ही शोर है,
मगर चलता नहीं किसी का जोर है,
सड़क पर बहुत ही भीड़ है,
फिर भी खोजता इंसा, अपने जैसा अपने चारों ओर है।।

इतना भीड़ है, फिर भी कोई मिलता नही है,
कोई अपने जैसा, जंचता नहीं और दिखता नहीं है,
सभी अपने में मदमस्त रहते हैं,
चल रहा इंसा का, ये कैसा दौर है।।

हर किसी को एक ही बात की दुविधा है,
कोई किसी का सुनता नहीं है,
सभी हैं पास बैठे हुए, मगर देखता नहीं है,
इंसा तन्हाई में जीवन काटने को मजबूर है।।

इंसा खाली खाली सा हो गया है,
जिंदगी से परेशान सा हो गया है,
इंसा अधूरा सा लग रहा है,
बच्चे अपने में मशगुल दिख रहे हैं।।

पत्नी से तो अब, बस लड़ाई का शोर है,
पत्नी पर भी अब चलता नहीं जोर है,
जब ना तब मुँह फुलाकर बैठ जाती है,
बिन बात के ही झंझट क्र लेती है।।

सड़क पर बहुत शोर है,
चलता नहीं किसी का जोर है,
सड़क पर बहुत भीड़ है,
फिर भी खोजता इंसा, अपने चारों ओर है।।

✍ राही राज

मन का आइना

मन के आईने में,
खोजो हमें, हर जगह मिलूँगी,
कभी बहन, कभी माँ, कभी पत्नी,
हर रूप में मिलूँगी।।

मन के आईने से खोजेंगे तो
मैं स्वीकार करुँगी,
तन खोजेंगे तो मैं मिलूँगी,
मगर चंडी रूप में मिलूँगी।।

मन के आईने में मन पावन रहता है,
नयन तुम्हें ही खोजता रहता है,
निगाहें तुम पर टिकी रहती है,
नयन तुम्हें देखने के लिए तरशती रहती है।।

मन का आइना में मन सुहावन रहता है,
तन तो देखता रहता है,
मन की कल्पना में हर चीज निराली होती है,
कुछ प्यारी और कुछ हरियाली लगती है।।

मन को खरीदा नहीं जा सकता है,
मन को बेचा नहीं जा सकता है,
मन का बाँधा नहीं जा सकता है,
मन तो मन है, उड़ता गगन है।।

मन के आईने में,
खोजो हमें, हर जगह मिलूँगी,
कभी बहन, कभी माँ, कभी पत्नी,
हर रूप में मिलूँगी।।

✍ राही राज

समाधान

एक आदत सी हो गईं है,
कुछ बेचैनी सी रहती है,
उनसे बात करने की,
उनसे जब तलक बात नहीं होती,
मनको तसल्ली नहीं मिलती है।।

बड़ा ही अजीब शख्स है,
मेरी हर बात को गौर करता है,
बड़ी तसल्ली से है सुनता है,
गर मुझसे कुछ गलती हो जाए,
तो बड़े ही प्यार से हमें समझाता है।।

वो तो वो,
उनकी पत्नी भी मुझसे बातें करती है,
बड़े प्यार से हमें, समझाती है,
हमारी समस्या का समाधान बताती है,
निराकरण निकालती है।।

मन मेरा नहीं लगता है,
जब तलक उनसे बात नहीं होती है,
मैं चेहरा उनका तो नहीं देखती हूँ,
उनसे मुलाक़ात कम ही होती है,
फिर भी मन की गहराइयों में जाती हूँ।।

✍ राही राज

हम

कल तक अपरिचित थे हम,
आज परिचित हो गए हैं हम,
दोनों एक धारा के हैं हम,
समुंदर में गोता लगाने चले हैं हम।।

दो दिशा चले हैं हम,
दो धर्म से आते हैं है हम,
स्त्री- पुरुष हैं हम दोनों,
फिर भी गजब का संगम है हम दोनों में।।

दोनों की मंजिल एक है,
दोनों का किनारा एक है,
दोनों एक दूसरे के सहारे हैं हम,
कविता का संसार लेकर आएँ हैं हमदोनों ने।।

एक सुर है, एक आवाज़ है, हम दोनों के,
निश्छल भाव है, प्रकृति से प्यार है, हमदोनों के,
मन के उदगार बहुत है, हम दोनों के,
भावनाओं का मिलन और बहाव है, हम दोनों के।।

खुदा भी यूँ ही नहीं मिलता है एक दूसरे से,
ईश्वर भी मिलता है, दिल से, दिलवालों से,
देश, दिल और दर्पण नाम है पुस्तक का,
शाहाना को आइना दिख रहा है राही में।।

कल तक अपरिचित थे हम,
आज परिचित हो गए हैं हम,
दोनों एक धारा के हैं हम,
समुंदर में गोता लगाने चले हैं हम।।

✍ राही राज

किसान

मैं जय जवान हूँ,
मैं जय किसान हूँ।।

हाँ हाँ मैं किसान हूँ,
कोई शक है क्या ?
मैं पूरे देश का अरमान हूँ,
कुछ शक है क्या ?

मैं पसीना बहता हूँ
मैं हल चलाता हूँ,
मैं फसल उगाता हूँ,
मैं पूरे देश का पेट भरता हूँ।।

मैं जय जवान हूँ,
मैं जय किसान हूँ।।

मुझ पर पूरा देश निर्भर है,
मुझ पर पूरा देश गौरव करता है,
मुझ पर पूरा देश अभिमान करता है,
सच पूछो तो मैं देश का जान हूँ, प्राण हूँ।।

मुझसे रोटी मिलती है,
मुझसे भूख मिटती है,
मुझसे जिंदगी चलती है,
मैं स्वाभिमान हूँ।।

मैं जय जवान हूँ,
मैं जय किसान हूँ।।

मगर आज मेरी स्थिति जर्जर है,
क्योंकि अब मैं बूढ़ा हो गया हूँ,
अब मुझे कोई देखने वाला नहीं है,
मेरा अब कोई सहारा नहीं है।।

मैं आवाहन करता हूँ,
देश से और सरकार से
मेरी पुकार सुनो, मेरी आवाज सुनो,
मुझे मदद करो, मेरे लिए भी कुछ करो।।

मैं जय जवान हूँ,
मैं जय किसान हूँ।।

✍ राही राज

इसी का नाम जिंदगी है .....

कुछ उसूल हैं हमारे तुम्हारे दरम्यां,
कुछ कानून हैं हमारे तुम्हारे दरम्यां,
कुछ फासले हैं हमारे तुम्हारे दरम्यां,
कुछ दूरियाँ हैं हमारे तुम्हारे दरम्यां,
कुछ मजबूरियां है हमारे तुम्हारे दरम्यां,
कुछ चाहते हैं हमारे तुम्हारे दरम्यां।।

कुछ बातों को कहना है हमको, तुमसे,
ये उसूल, कानून, फासले, दूरियाँ, मजबूरियाँ और
चाहतोंका सिलसिला बहुत ही जरूरी है,
क्योंकि ये नहीं रहेगी तो
जीवन का मजा नहीं आएगा,
जिंदगी बिल्कुल नीरस हो जाएगा।।

हम कहें या ना कहें मगर तुम समझ लिया करो,
क्योंकि इसी का नाम जिंदगी है।।

लिखती हो मेरा नाम,
तो फिर मिटाती क्यों हो,
जब प्यार मुझसे करती हो,
तो फिर जमाने से डरती क्यों हो,
अब हमें जमाने से, डर नहीं लगता है,
क्योंकि तुम जो, मेरे साथ रहती हो।।

कभी कभी दर्शन भी, दे दिया करो,
कभी कभी फोन पर भी बातें, कर लिया करो,

जिसको पिघलना है, पिघल जाए,
जिसको जलना है तो उसे जलने दो,
जिसको गलाना है तो गल जाए,
पिघलने वाले, जलने वाले, गलने वालों को,
थोड़ा और जला दिया करो।।

हम कहें या ना कहें मगर तुम समझ लो,
क्योंकि इसी का नाम जिंदगी है।।

✍ राही राज

चुनौती

भले आप मुझे, जानी दुश्मन मानो,
मैं तो आपको अपना, दोस्त मानता हूँ,
भले आप मुझे कुछ भी नहीं समझो,
मैं तो आपको सर्वश्रेष्ठ दोस्त मानता हूँ।।

अगर आप हमारा तिरस्कार न करते,
तो मैं खुद को कैसे पहचानता,
अगर आप हमारा अपमान न करते,
तो खुद को मैं, कैसे और क्या ही जानता।।

मैं आपकी इस चुनौती को,
सहर्ष स्वीकार करता हूँ,
इसीलिए मैं आपको अपना,
सर्वश्रेष्ठ दोस्त मानता हूँ।।

मेरी कामयाबी में आपका बहुत बड़ा हाथ है,
आपकी दुश्मनी ही हमारा जीने का आधार है,
आपसे मेरा एक अपनापन सा रिश्ता है,
भले आप मुझे दुश्मन समझो,
मगर आप तो मेरे लिए फरिश्ता समान हैं।।

✍ राही राज

दिखावा

मैं दिखावा कुछ भी नहीं करती
जो हूँ, आपके सामने हूँ,
मेरे लेखन से स्पष्ट होता है,
मेरी लेखनी कितनी खूबसूरत है।

मुझे छल प्रपंच नहीं आता है,
मैं हकीकत बयां करती हूँ,
मैं उचित बात कहने से नहीं डरती,
मुँह पर ही सबको बोल देती हूँ।

मेरा रूप रंग मेरी हकीकत है,
मैं पार्लर नहीं जाती,
मैं दिखावे में विश्वास नहीं रहती,
मैं खुद पे विश्वास करती हूँ।

कोई मेरे आत्म विश्वास को,
कोई नहीं तोड़ सकता,
मैं किसी के कहने पर नहीं चलती हूँ,
मैं अपनी मंजिल खुद तय करती हूँ।

दुनियाँ मुझे शाहाना के नाम से जानती है,
परवीन मेरा सरनेम है,
मैं जहाँ भी जाती, शान से रहती हूँ,
यही मेरी पहचान है, इसी बात का हमें गुमान है।

✍ राही राज

मज़ा नहीं देता है

अब मुझको ये, मेरा जिस्म, मजा नहीं देता है,
जब देखो तब ये, कुछ ना कुछ, सजा देता है,
कभी घुटना दर्द, कभी नस नस में दर्द रहता है,
दर्द ही दर्द रहता है, मगर अब मजा नहीं देता है।

जवानी भी क्या चीज थी, बहुत याद आती है,
हर बात पर अब, रह रह कर याद आती है हमें,
पता नहीं था मुझे ये दिन भी देखना पड़ेगा हमें,
मजबूर कर देती है हमें, सोचने के लिए मुझको।

इंसानी जिस्म है, उम्र का असर बराबर रहता है,
कभी काफी मजा था, अब केवल सजा देता है,
आज गिन गिन कर बदला लेता है, चोट देता है,
कुछ भी कह लो, हर उम्र में नशे का मजा रहता है।

कभी जवानी थी तो शरीर अच्छा लगता था,
भरपुरा शरीर था, बहुत ही अच्छा लगता था,
आँख, नाक, बाल, मुँह, देह बराबर दिखता था,
देखकर शरीर को, मुझे गुमान होता रहता था।

आज कल मुझे लगता है, गंजापन चिढ़ा रहा है,
आँख की रोशनी कम है फिर भी तमाशा दिखा है,
दांत टूट गए, कुछ भी खाया नहीं जाता है मुझसे,
बातों ही बातों में मुझको, शरीर गुस्सा दिला रहा है।

अब मुझको ये, मेरा जिस्म, मजा नहीं देता है,
जब देखो तब ये, कुछ ना कुछ, सजा देता है,
कभी घुटना दर्द, कभी नस नस में दर्द रहता है,
दर्द ही दर्द रहता है, मगर अब मजा नहीं देता है।

✍ राही राज

सच का आइना

दोस्त हजारों मिलते हैं,
मगर मुझे किसी पर ऐतवार नहीं,
जिस दोस्त की हमें तलाश है,
वैसा दोस्त हकीकत में
मुझे कोई मिला ही नहीं।

हमदर्द बनकर बहुत आते हैं,
मगर दर्द बांटने के लिए कोई तैयार नहीं,
यार तो बहुत मिल जाता है,
मगर प्यार हकीकत में,
कोई करता ही नहीं।

निगाहें उसकी मेरे तन पर रहती है,
झपट्टा मारने की कोशिश रहती है,
काश ! कोई मेरे माथे को चूमा होता,
ऐसा मुझे कोई दोस्त,
आज तलक मिला ही नहीं।

एक अदद दोस्त मिला भी तो,
मैने उसकी बात को कभी, माना ही नहीं,
आज भी वो दोस्त, हमें समझाता है,
मगर उस दोस्त की बातों पर
विश्वास होता ही नहीं।

हकीकत से भरी बातें करता है,
एक बार नहीं, हजारों बार,

समझाने की कोशिश करता है,
पता नहीं क्यूँ, मुझे उसकी बातों पर,
यक़ीन होता ही नहीं।

आईना सच का दिखाता है,
सारी दुनियाँ से रु ब रू कराता है,
सच को सच और झूठ को झूठ बोलता है,
मगर हमें उसकी बातों का
अहसास ही नहीं।

वो कर्ण की तरह मेरे साथ रहता है,
वो हर वक्त हमारे साथ रहता है,
हमें गलती करने से रोकता है,
फिर भी हमें पता नहीं क्यूँ,
हमें वो जंचता ही नहीं।

राही कर ही क्या सकता है,
देखकर चुप भी तो नहीं सकता है,
हर बार सच का आइना दिखलाता है,
मेरा दोस्त है, कोई ठग कर चला जाए,
यह बर्दाश्त होता भी नहीं।

✍ राही राज

बेंगलुरु

कलश
कारवाँ
फाउँडेशन
राही राज
संस्थापक

कलश कारवां फाउंडेशन के वार्षिकोत्सव में पुस्तकों का लोकार्पण

बेंगलुरू : कलश कारवां फाउंडेशन का पंचम वार्षिकोत्सव बड़े धूमधाम से मनाया गया। सरस्वती वंदना और पुष्पार्पण के साथ शुरू हुए इस भव्य कार्यक्रम का संचालन प्रतीक्षा तिवारी ने किया। इस अवसर पर देशभर से साहित्य, कला और पत्रकारिता जगत की जानी-मानी हस्तियों ने शिरकत की। डॉ. मनोहर भारती, डॉ. विनय कुमार यादव, आचार्य टीकाराम शर्मा, डॉ. इंदु झुनझुनवाला, वीणा मेदिनी, कार्तिकेय मैथिल, अमिता झा, कोमल प्रसाद राठौर, सुमन झा माहे, प्रयास जोशी, आनंद श्रीवास्तव, सुधा आहलुवालिया सहित कई साहित्यकार और गणमान्य अतिथि उपस्थित रहे। सभी उपस्थित साहित्यकारों को साहित्य पद्म सम्मान और मिथिला प्रहरी सम्मान से सम्मानित किया गया।

राही राज की दो पुस्तकों का भव्य लोकार्पण

कार्यक्रम का एक प्रमुख आकर्षण राही राज की दो नई पुस्तकों- 'बचपन से पचपन' और 'यादों में बनारस' का लोकार्पण रहा। इनके अतिरिक्त, सुमन झा माहे की 'पिघलते दर्द का कैनवास' गजल संग्रह और प्रयास जोशी की प्रीति राही पर आधारित पुस्तक 'पंछी उड़ान' का भी विमोचन हुआ। वाराणसी से प्रकाशित त्रैमासिक पत्रिका 'कविताम्बरा' का भी लोकार्पण किया गया। इस वर्ष से 'पिता सम्मान' की भी शुरूआत की गई, जो साहित्यकारों को प्रोत्साहन देने वाले अरविंद अहलूवालिया को प्रदान किया गया। उनकी कलश कारवां फाउंडेशन को आगे बढ़ाने में अहम भूमिका रही है। साथ ही, 'पत्रकारिता सम्मान' की भी शुरूआत हुई, जिसका पहला सम्मान 'फर्स्ट एडिटर' के संपादक कलीम खान को मिला।

वर्तमान अंकुर
बज़्म-ए-हिन्द

संयुक्त राष्ट्र द्वारा घोषित
विश्व विधवा दिवस
के अवसर पर
विधवाओं की विडंबनाओं
पर
विमर्श

www.ingramcontent.com/pod-product-compliance
Lightning Source LLC
LaVergne TN
LVHW032125041026
849518LV00008B/2778